教育と文化の王道
The Noble Path of Education and Culture

池田大作 | 張鏡湖
Daisaku Ikeda | *Chang Jen-Hu*

第三文明社

中国文化大学・張鏡湖理事長（左）と池田SGI会長 ©Seikyo Shimbun

教育と文化の王道……目次

対談者紹介……5

第1章　父母の思い出と「麗しの島」

1　父を語る……8
2　母と故郷を語る……28
3　「麗しの島」台湾の自然と魅力……49
4　台湾の歴史と多彩な人間文化……74

第2章　精神の遺産と地球環境

1　アジアを結ぶ人間哲学の交流……102
2　孫文先生の不屈の楽観主義……122

3 輝く地球の未来へ……143
4 世界市民と環境教育……164

第3章 教育の大道

1 大学創立の精神と歴史……184
2 21世紀を教育の世紀に……204
3 未来を開く教育の力……223
4 人間生命の光彩輝く世紀を……247

注……270
索引……302

［引用文について］編集部注は＝の下に記した。読みやすくするため編集部でふりがなをつけた箇所もある。出典は二度目以降は（前掲『』）で示し、直後に連続して同じ出典を示す場合は（同前）と記した。

装幀・本文レイアウト／凸版印刷株式会社　トッパンアイデアセンター

〈対談者紹介〉

池田大作

（いけだ・だいさく）

1928年1月2日、東京都生まれ。創価学会名誉会長。創価学会インタナショナル(SGI)会長。創価大学、アメリカ創価大学、創価学園、民主音楽協会、東洋哲学研究所等を設立。国連平和賞、桂冠詩人の称号など、受賞多数。モスクワ大学、グラスゴー大学、北京大学、デリー大学、デンバー大学等から、270を超える名誉博士、名誉教授等の称号を受ける。著書に『人間革命』(全12巻)、『新・人間革命』(現20巻)、トインビー博士との対談『21世紀への対話』、ゴルバチョフ元ソ連大統領との対談『20世紀の精神の教訓』など、世界の知性との対談集多数。

張鏡湖

（ちょう・きょうこ）

1927年3月18日生まれ。中国文化大学理事長。国立浙江大学歴史地理学部卒業。米国クラーク大学で地理学博士号取得後、ハーバード大学研究員、ハワイ大学教授、世界銀行ブラジル農業開発顧問等を歴任。米国地理学会で発表論文数第2位に輝くなど、アメリカの学術界で活躍する。1985年に帰国後、中国文化大学理事長に就任。ロシア・サンクトペテルブルク大学、韓国・慶熙大学等より名誉博士号を受章。著書に『世界の資源と環境』、論文に「世界の農業の起源」「地球温暖化の影響」「中国大陸の水資源の生態と経済発展に及ぼす影響」ほか多数。

PHOTO：©Seikyo Shimbun

南京
江蘇省
上海
合肥
湖北省
安徽省
武漢
杭州
寧波
浙江省
東シナ海
南昌
江西省
福建省
福州
台北
与那国島
厦門
台中
西表島
波照間島
台湾
台湾海峡
玉山
台南
広東省
高雄
広州
香港
澳門
南シナ海

第1章

父母の思い出と「麗しの島」

1　父を語る

「父子一体《ふしいったい》」の教育の勝利

池田　これまで、中国文化大学の張鏡湖《ちょうきょうこ》理事長とは、幾《いく》たびとなく語《かた》らいを重《かさ》ねてきました。

尊敬《そんけい》する宝の友人と、二十一世紀の「教育」と「文化」と「平和」をめぐって、さらには「環境《かんきょう》問題」をはじめ、これからの人類《じんるい》の最重要《さいじゅうよう》のテーマについて、さまざまに語り合える。私にとって、これほどの喜びはありません。

張　私のほうこそ、尊敬する池田先生と対談できることは、このうえない光栄《こうえい》です。

一九九四年十一月、初めて池田先生にお会いした時の感動は、今も忘れておりません。

池田　秋晴れの九州の福岡で、お迎《むか》えしました。以来、東京でも、長野でも、そして大阪でも、忘れ得《え》ぬ友情の歴史を刻《きざ》むことができました。

張　ええ。いつの日か、ぜひ台湾《たいわん》でもお会いできることを楽しみにしております。

池田　麗《うるわ》しの台湾は、私が敬愛《けいあい》してやまない、憧《あこが》れの天地です。私の人生《じんせい》の師である戸田城聖《じょうせい》先生（創価学会第二代会長）も生前、台湾に深い思いを寄《よ》せておりました。台湾の美しき自然や歴史、文化についても、張理事長と語り合えることを楽しみにしております。

張理事長は、台湾を代表する高名《こうめい》な教育者であられるとともに、地理学者として最先《さいせん》端《たん》の環境問題にも深い造詣《ぞうけい》をもたれています。

また、理事長の父上《ちちうえ》であられる中国文化大学の創立者・張其昀《ちょうきいん》博士も、台湾の教育大臣として、教育制度の基礎《きそ》を築《きず》かれた大教育者です。

お二人の思想と哲学《てつがく》を、私たちは真剣《しんけん》に学んでいきたい。それが未来をつくる力になると信ずるからです。

張　恐縮《きょうしゅく》です。私の父のことまで高く評価《ひょうか》してくださり、ありがとうございます。

池田　父上の張其昀博士は、歴史・地理学者としても有名で、大著《たいちょ》『中華《ちゅうか》五千年史』『中国地理学研究』を著《あらわ》されました。

一九五四年に教育大臣に就任《しゅうにん》された張其昀博士は、台北市《タイペイ》において、南海学園《なんかい》を建設し、国立中央図書館[*1]を回復させるとともに、歴史博物館、科学館、教育資料館、教育テレビ局および放送機関等を次々と創設《そうせつ》されました。

また、現在の台湾の政治大学、清華《せいか》大学、交通大学、輔仁《ほじん》大学、東呉《とうご》大学等の建設を促《うなが》され、東海《とうかい》大学等にも認可《にんか》を与《あた》えられています。さらには、芸術専門学校を設立《せつりつ》され、音楽や美術等の分野《ぶんや》の人材の育成《いくせい》も図《はか》られました。この張《ちょう》博士の尽力《じんりょく》により、台湾において多くの教育機関や大学が設立され、人材が輩出《はいしゅつ》されるようになったと言っても過言ではありません。

一九八〇年には、総統府《そうとうふ》の顧問《こもん》になられ、八三年には、政府より特別に最高の栄誉《えいよ》である文化賞を授与《じゅよ》されたとうかがっています。

張　そのとおりです。父は、教育大臣の職を辞《じ》した後、一九六二年にわが中国文化大学を創立しました。創立当時は、学生数わずか八十人からの出発でした。おかげさまで、現在は二万六千人を超《こ》す総合大学に発展しました。

池田　二〇〇七年の三月一日には、栄光の創立四十五周年を迎《むか》えられました。まことにおめでとうございます。

大学を創立し発展させていくことが、どれほど至難《しなん》の事業であるか。私も創価大学の

多彩な国際文化交流を推進する中国文化大学（台北市）©Chinese Culture University

創立者として、その労苦《ろうく》は、痛いほどわかります。

張理事長は、父上の信念《しんねん》を厳然《げんぜん》と受《う》け継《つ》がれ、艱難辛苦《かんなんしんく》を勝ち越えて、今日《こんにち》の繁栄《はんえい》を築《きず》いてこられました。この「父子一体《ふしいったい》」の偉大《いだい》なる教育の勝利を、私は心から尊敬《そんけい》申し上げます。

「人生《じんせい》地理学」の理念《りねん》を評価《ひょうか》

張　ありがとうございます。

二〇〇三年に、父の伝記『鳳鳴華岡《ほうめいかこう》——張其昀伝《ちょうきいんでん》』（王永太《おうえいたい》著、浙江《せっこう》文化名人伝記叢《そう》書《しょ》）が出版されました。そこには、父の評価《ひょうか》が、このように記《しる》されています。

「張其昀は地理学者である。人文《じんぶん》地理学の

分野《ぶんや》においては集大成者《しゅうたいせいしゃ》であり、自然地理学の分野においては師と崇《あが》められるに相応《ふさわ》しい人物である」

「張其昀《ちょうきいん》の教育分野における業績《ぎょうせき》には目覚《めざ》ましいものがある。彼が大学卒業後まもなく編集した高等学校教材の『本国地理』は、当時における中学校の最も著名《ちょめい》な三大教材の一つであった」

「抗日《こうにち》戦争時代、彼が創刊《そうかん》した雑誌『思想と時代』は、中国の伝統《でんとう》文化を守る砦《とりで》となった。張其昀は、台湾において教育の骨組みを築《きず》き上《あ》げた」——と。

池田 以前、張理事長から、張其昀博士の二十五巻に及《およ》ぶ貴重《きちょう》な全集（『張其昀先生文集』張其昀著、張其昀先生文集編輯《へんしゅう》委員会・中国国民党中央党史委員会編、中国文化大学出版部刊）をいただきました。その全集には、「国学大師《こくがくだいし》」と呼ばれた大学者・銭穆《せんぼく》先生が序文《じょぶん》を寄《よ》せられていましたね。

銭穆先生は、張其昀博士の親友であり、貴《き》大学で教えられたこともありました。私が交友を結《むす》んでいる上海《シャンハイ》大学の銭偉長《せんいちょう》学長の叔父《おじ》に当たる方です。

銭穆先生は、こう記《しる》しています。

「（張其昀博士は）自分が人の上にいるなどとは、決して思わない。長年、教育や党務《とうむ》で

台湾の教育の発展に尽くした張其昀博士　©Chinese Culture University

どんなに高い位に就《つ》いても、人に接する態度は一貫《いっかん》して、一庶民《しょみん》のごとくであった」（前掲『張其昀先生文集』第一巻）

この人格《じんかく》こそ、真の指導者《しどうしゃ》の象徴《しょうちょう》です。数多《あまた》の偉業《いぎょう》を成《な》し遂《と》げながら、いささかも偉《えら》ぶらない。威張《いば》らない。気取《きど》らない。そして、民衆の中に飛《と》び込《こ》んで、人々のために尽《つ》くしていかれた。学者として偉大《いだい》であり、教育者として偉大であり、そして人間として偉大でした。

張　父も健在《けんざい》であれば、きっと池田先生のことを尊敬《そんけい》したでしょう。

池田　あまりにも過分《かぶん》なお言葉です。

張理事長は、父子《ふし》二代にわたって、地理学の道を歩《あゆ》まれました。

実は、創価教育の創始者《そうししゃ》である牧口常三郎《つねさぶろう》初代会長もまた、地理学者でありました。一九〇三年、人間と環境の密接《みっせつ》な関連性を明かした大著《たいちょ》『人生《じんせい》地理学』を発刊しています。

まことに興味深いことですが、この『人生地理学』が出た直後、浙江省《せっこうしょう》出身の留学生が日本で刊行《かんこう》した月刊誌『浙江潮《せっこうちょう》』に、その中国語訳（部分訳）が二回にわたって掲《けい》載《さい》されているのです。さらに、一九〇六、七年には、中国本土で『人生地理学』の完訳《かんやく》本《ぽん》が二種類も出版されました。このうち一冊は、東京の中国人留学生のための学校「弘《こう》文《ぶん》学院」で、牧口先生の地理学の講義を受けた教え子たちが翻訳《ほんやく》した書籍《しょせき》であることがわかっています。

あの当時、日本の学者の中には「人生地理学」という独創的《どくそうてき》な名称《めいしょう》を用《もち》いたことに、批判《ひはん》を向ける人もいました。

しかし、その二十三年後の一九二六年、若き張其昀《ちょうきいん》博士が、「人生地理学」という理念を、こう論じられているのです。

「人と地との関係は、相互《そうご》的なものである。人間はもとより地に依《よ》って生まれ育つのであり、地もまた人間の力を借りて開発がなされる。人間は環境においては、一方では受《じゅ》

牧口初代会長の著書『人生地理学』初版。1903年（明治36年）10月15日発刊。
人間生活と自然・社会現象との関係を体系的に考察　©Seikyo Shimbun

動的《どうてき》であり、他方では能動的《のうどうてき》である。
　人生地理学は、内外を合《か》わせつつこれに観察を加え、授受を兼ねつつそれを論ずるものであり、そのいずれの一面をも廃《はい》するならば、その真実を得《え》ることはできない」（前掲『張其昀先生文集』第一巻）と。
　牧口先生の思想と、驚《おどろ》くほど一致《いっち》しています。

張　世界の人口増加、経済発展、環境の変化にともない、地理学という学問の内容もますます複雑になってきています。「人生地理学」という視点《してん》は、今後、よりいっそう重要性《じゅうようせい》を増していくと思います。

池田　牧口先生は、地理学者として、自然と調和《ちょうわ》し、共生《きょうせい》しゆく台湾の人々の英知《えいち》にも注目していました。

張　共生《きょうせい》と調和《ちょうわ》は、現代社会の重要《じゅうよう》なテーマです。百年前に、すでに、そうした視《し》点《てん》から地理学を探究されていた牧口先生の炯眼《けいがん》には、驚《おどろ》かざるを得《え》ません。

池田　牧口先生も、また、その後継《こうけい》である戸田先生も、張理事長との対談を喜んでくださっていると思います。

戸田先生は一九〇〇年の生まれで、父上と同年代になります。

黙々《もくもく》と仕事に励《はげ》んだ父の姿《すがた》

張　父は、一九〇一年に浙江省《せっこうしょう》の寧波《ニンポー》市に生まれました。一九一九年には、寧波高校の全生徒の代表として上海《シャンハイ》に赴《おもむ》き、「五四《ごし》運動」*2 に参加しています。

若いころは体が弱かったようです。高校を卒業後、南京高等師範学校《ナンキンこうとうしはん》（のちの中央大学で、現在の南京大学）を受験しましたが、合格発表の時、名簿《めいぼ》に父の名前がないことに、一人の試験《しけん》委員が気づきました。父の体があまりにもひ弱であったため、落とされてしまったというのです。そのことを校医《こうい》から聞いた試験委員は、「痩《や》せているというのは不合格の理由にならない」と異議《いぎ》を申し立ててくれました。あらためて審査《しんさ》を行《おこな》った結果、父は首席《しゅせき》で入学を果《は》たすことができたのです。

以来、父は毎日、食後に半時間ほど散歩をするようになり、体も健康になりました。父の日々の生活は、とても規則正しいものでした。

池田　自《みずか》ら〝健康になる〟と決めて、努力して頑健《がんけん》な体をつくっていかれたのですね。

父上は、台湾には、いつごろ行かれたのですか。

張　一九二三年に南京高等師範学校を卒業し、中央大学と浙江大学で教えた後、一九四九年に台湾に移住しました。一九八五年に台湾の地で亡《な》くなるまで、台湾の発展に尽《つ》くし抜《ぬ》きました。

池田　お父様を思い出す時、まず、どのような姿《すがた》が目に浮かびますか。

張　そうですね。父は日々、倦《う》まず弛《たゆ》まず、読書と論文の執筆《しっぴつ》に没頭《ぼっとう》していました。食事の用意が整った時も、母に何度か促《うなが》され、やっと仕事の手を休めるのが常《つね》でした。

池田　張理事長は父上から厳《きび》しく叱《しか》られたことはありますか。

張　いえ、一度もありませんでした。私は一人っ子ですが、父から厳しく叱られたこともありませんし、何かをしろと言われたこともありません。

説教《せっきょう》よりも手本を示《しめ》すほうが勝《まさ》っていると考えていた父は、一年三百六十五日、朝の八時から夜の八時まで、執務室《しつむ》で公務を行《おこな》い、読書や執筆《しっぴつ》に勤《いそ》しんでいました。終《しゅう》日《じつ》、黙々《もくもく》と仕事に励《はげ》んでいる父の姿《すがた》こそが、私にとっての何よりの手本でした。

池田　子どもの人格《じんかく》の骨格《こっかく》を育てるうえで、父親の役割《やくわり》は大きいですね。

戸田先生がよく言っていたことを思い起こします。

「子どもは、母親からどんなに厳《きび》しく言われても、その温《ぬく》もりと慈《いつく》しみをおのずと感じる。しかし、父親がやかましく言うと、子どもは反発してしまうものだ。父親は、子どもを社会に貢献《こうけん》させることを目標にして、自《みずか》ら模範《もはん》の姿を示《しめ》していくことだ」と。

張其昀《ちょうきいん》博士には、まさに恩師が理想とした父親像を感じます。

「平和の文化」の創造《そうぞう》へ

張　池田先生のお父様は、どのような方でしたか。

池田　父は、東京の大森で海苔《のり》づくりに携《たずさ》わっておりました。頑固一徹《がんこいってつ》で、地域では「強情《ごうじょう》さま」と呼ばれていました。

かつては大きな規模《きぼ》で海苔製造業を営《いとな》んでいましたが、一九二三年の関東大震災《だいしんさい》で海苔養殖《ようしょく》場が大打撃《だげき》を受けると、事業は一気に下降線《かこうせん》をたどりました。そのうえ、リウマチで病《やまい》の床《とこ》に伏《ふ》し、働き手の息子《むすこ》たちが次々と戦争に奪《うば》われるなど、父は苦労の連続でした。しかし、私の前では、苦しい様子《ようす》や弱った姿などは一切《いっさい》、見せませんでした。

張　池田先生も兵隊《へいたい》に入られたのですか。

池田　いえ。四人の兄は全員、出征《しゅっせい》しましたが、私自身は兵隊には入りませんでした。当時の軍国《ぐんこく》主義の教育のもと、友人たちとともに少年航空兵《こうくうへい》を志願《しがん》したことがあります。誤《あやま》った教育は恐《おそ》ろしいものです。愚《おろ》かな指導者《しどうしゃ》たちに率《ひき》いられた民衆ほど、不幸なものはありません。

この時、父と母は猛《もう》反対しました。志願書をもとに家を訪《たず》ねてきた係員に、父は訴《うった》えた。

「うちは上の三人とも兵隊に行っているんだ。まもなく四番目も行く。そのうえ五番目までもっていく気か。もうたくさんだ!」

大変な気迫《きはく》に、係員も「わかりました。当然でしょう」と納得《なっとく》して帰ったようです。

父は私にも、絶対に行かせないと厳しく言い続けました。あの巌《いわお》の如《ごと》き父の姿は、今もって忘《わす》れられません。

張　胸に響《ひび》くお話です。池田先生の平和行動の原点をうかがう思いです。

池田　わが家《や》では、長兄《ちょうけい》が戦死しました。両親の悲しみは、あまりにも大きかった。その長兄は、中国の戦地から一時帰国した折《おり》、「日本は悪い。本当にひどいよ。中国の人がかわいそうだ」と、怒《いか》りをあらわにして言っていました。

日本軍が、どれほど残酷《ざんこく》な非道《ひどう》を行《おこな》ったか。台湾を半世紀にもわたって占領《せんりょう》し、植《しょく》民地《みんち》としたことも、永遠に、絶対に忘《わす》れてはならない歴史です。

張　戦時中、創価学会の牧口初代会長と戸田第二代会長は、日本の軍国《ぐんこく》主義と戦い、投《とう》獄《ごく》されました。牧口先生は壮絶《そうぜつ》な獄死《ごくし》を遂《と》げられています。この勇気ある行動は、日本にとっても、またアジアにとっても非常に重要《じゅうよう》です。いくら賞讃《しょうさん》しても、し過ぎることはありません。

国家権力《けんりょく》の弾圧《だんあつ》に屈《くっ》せず、信念《しんねん》を貫《つらぬ》いた創価学会の三代の会長の平和行動を、私は深く尊敬《そんけい》しております。

池田　深いご理解の言葉、ありがとうございます。正義の行動が、妬《ねた》まれ、迫害《はくがい》されるのは、当然の道理です。むしろ、迫害こそ誉《ほま》れである——これが、創価の師弟《してい》を貫《つらぬ》く精神です。

張　創価学会の三代の会長の崇高《すうこう》な精神は、今や、世界の良識《りょうしき》ある人々の心に広がっ

張鏡湖理事長から池田SGI会長に中国文化大学「名誉哲学博士号」を授与
(2003年3月24日、創価大学、東京・八王子)　©Seikyo Shimbun

ています。なかんずく、池田先生は長年、平和のために努力してこられました。その「世界への貢献《こうけん》」に敬意《けいい》を表《ひょう》します。

今まで国連は、「戦争をいかに防《ふせ》ぐか」に力を注《そそ》いできました。しかし、池田先生がさまざまな講演《こうえん》で訴《うった》えておられるように、もっと大事なのは、「どうやって平和をつくり出すか」です。世界に調和《ちょうわ》をつくるため、文化・学術《がくじゅつ》などの面での努力が大事です。

池田　おっしゃるとおり、「平和の文化」の創造《そうぞう》が、ますます重要です。「文化」の二字こそ、人類《じんるい》の宝冠《ほうかん》です。

その意味からも、貴大学の「中国文化大学」という名称《めいしょう》は、まことにすばらしい。

実は、創価大学も、「創価文化大学」との名称《めいしょう》も真剣《しんけん》に考えたのです。

牧口先生は、その著『創価教育学体系』において、「文化の価値《かち》を目標にして進め」と提唱《ていしょう》しました。教育における目的観《もくてきかん》が、「経済的物質的生活の目的観」から、より広き「文化生活の目的観」へと進むことが進歩の方向である――これが、牧口先生の信念《しんねん》でした。ゆえに、日本が国を挙《あ》げて侵略《しんりゃく》戦争の野蛮《やばん》性へ逆行《ぎゃっこう》する中にあって、牧口先生は、人間性の精髄《せいずい》たる「文化の価値」を断固《だんこ》として死守《ししゅ》し、殉教《じゅんきょう》したのです。

中国文明に流れる「共生《きょうせい》のエートス」

張　父は、中国文化の真髄《しんずい》は「王道《おうどう》*3の文化」にあると訴《うった》えていました。すなわち、人を感化《かんか》し徳《とく》をもたせる文化であり、人を恐《おそ》れさせ圧迫《あっぱく》するものではありません。

私は、この「王道」とは、池田先生がハーバード大学での講演《こうえん》*4で使われた「ソフト・パワー」こそ、最もふさわしい言葉だと思います。逆に、「覇道《はどう》」とは「ハード・パワー」に当たります。

池田　人類《じんるい》は「平和の文化」の創造《そうぞう》による「王道」を、断《だん》じて進まねばなりません。

張其昀《ちょうきいん》博士は、現代の世界において国々が密接《みっせつ》に結《むす》びついている様《さま》を、「あたかも一つの都市における路地《ろじ》同士になぞらえることができる」（前掲『張其昀先生文集』第十二巻）と指摘《してき》して、こう警鐘《けいしょう》を鳴らされていますね。

「一つの場所で火事が起きれば、到《いた》るところに延焼《えんしょう》する。都市全体を挙げての消防計画をもたない限り、人々の安全は図《はか》れない」（同前）と。

張其昀博士は、地に足の着いた視点《してん》で、人類の平和共存《きょうそん》を志向《しこう》されていました。今こそ、私たちは、張博士父子の思想に学んでいかねばなりません。

張　オーストリアの法学者ハンス・ケルゼン[*5]が言うとおり、「絶対的な正義」はありません。したがって〝正義の戦争〟などが存在する道理もありません。

池田先生は、中国社会科学院の講演[*6]で、中国文明に流れる「共生《きょうせい》のエートス（道徳的気風《きふう》）」に論及《ろんきゅう》されています。この「共生」という視点こそ今、最も重要《じゅうよう》なものです。この思想に立って、問題を解決していくしかありません。

この点、池田先生は、イスラムとの対話も進めるなど、〝文明を超《こ》え〟〝文明を結ぶ〟対話行動を展開してこられました。

池田　恐縮《きょうしゅく》です。張理事長こそ、ゴルバチョフ氏[*7]をいち早く台湾に紹介《しょうかい》された、開かれた知性としても有名です。さらにまた、一九八九年、張理事長が真っ先に、中国大陸から多くの学者を台湾に招《まね》き、学術《がくじゅつ》交流の道を結《むす》ばれたことは、不朽《ふきゅう》のご功績《こうせき》です。

張　そのように評価《ひょうか》してくださり、ありがとうございます。

フランスの哲学者《てつがくしゃ》アラン[*8]は語っています。

「悲観《ひかん》主義は気分に属《ぞく》し、楽観《らっかん》主義は意志に属する」（『幸福論』白井健三郎訳、集英社文庫）

私の父は、儒教《じゅきょう》思想に基《もと》づき、精神の永遠性に立脚《りっきゃく》していました。精神の永遠性に立つ時、人間は楽観主義に生きることができます。父がそうでしたし、池田先生もそうであられます。

ガンジーに通ずる人間性への信頼《しんらい》

池田　精神の永遠性、生命の永遠性に立つことは、自他《じた》ともの無限の可能性に目を開くことでもあります。

張其昀《ちょうきいん》博士は、青年への期待をこめて、こう訴《うった》えられていますね。

「人生《じんせい》の価値《かち》は、精神の力によって環境を制御《せいぎょ》していくところにある。決して落胆《らくたん》したり、失望《しつぼう》したりする必要はない。

最も苦しい時こそ、思考《しこう》と修養《しゅうよう》を深め、新《あら》たな活力と新たな生命を獲得《かくとく》し、のちの大事業の基礎《きそ》を築《きず》くことができる。ゆえに境遇《きょうぐう》の順境《じゅんきょう》・逆境《ぎゃっきょう》を問うてはいけない。不遇《ふぐう》を嘆《なげ》いてはならない。元気はつらつと、不撓不屈《ふとうふくつ》であれ！　挫折《ざせつ》はやがて成功へと変わるのだ」（前掲『張其昀先生文集』第十八巻）

張　父と池田先生の思想は非常に近いと、私は思います。たとえば、池田先生は世界平和を語る際《さい》にガンジー[*9]の言葉をよく引用されますが、父も「ガンジーの振《ふ》る舞《ま》い」という文章にこう記《しる》しています。

「ヒンズー教徒であるガンジーは、二十世紀の前半において非暴力《ひぼうりょく》運動を唱《とな》え、英国のインド占領《せんりょう》に反抗《はんこう》し、二十年にわたる戦いを経《へ》て、ついにインド独立の父となった。インドのノーベル賞詩人であるタゴール[*10]はガンジーを、こう論じている。『彼の一生《いっしょう》とは、すなわち犠牲《ぎせい》という言葉の異名《いみょう》である。犠牲は浄行《じょうぎょう》によるものであり、浄行の意義《いぎ》は、思想の純潔《じゅんけつ》、言語の純潔、行為《こうい》の純潔を含《ふく》むあらゆる面における純潔である』と。

ガンジーは同志であるゴカーレ[*11]（Gopal Krishna Gokhale）を『清浄《せいじょう》なること水晶《すいしょう》の如《ごと》く、温和《おんわ》なること羔羊《こうよう》[*12]の如く、勇敢《ゆうかん》なること獅子《しし》の如し』と讃《たた》えているが、これは自讃《じさん》の言葉であるとも言えるであろう」（前掲『張其昀先生文集』第十巻）

池田　まことに鋭《するど》い論評《ろんぴょう》ですね。

「人間性を信ずる」という点で、ガンジーほど純粋《じゅんすい》だった人物も、古来《こらい》、稀《まれ》ではないでしょうか。そして、獅子《しし》の如《ごと》く勇敢《ゆうかん》であり、太陽の如く朗《ほが》らかであった。

ガンジーの有名な言葉に、こうあります。

「私は手におえない楽観《らっかん》主義者である。私の楽観主義は、人間ひとりひとりに非暴力《ひぼうりょく》を展開させる無限の可能性が備《そな》わっているという信念《しんねん》によるものである」（『抵抗するな・屈服するな』クリパラーニー編、古賀勝郎訳、朝日新聞社）

人間の無限の可能性を信じ、教育に人生《じんせい》を捧《ささ》げられた張其昀《ちょうきいん》博士の姿《すがた》もまた、ガンジーと重《かさ》なり合《あ》っています。

張　ガンジーといえば、米国モアハウス大学のキング国際チャペルが主催《しゅさい》する「ガンジー・キング・イケダ――平和建設の遺産《いさん》」展が、世界各地で大きな反響《はんきょう》を呼んでいますね。

台湾でも、これまで十五の大学や行政《ぎょうせい》機関などで開催《かいさい》されました（二〇〇七年現在）。二〇〇六年三月には、わが中国文化大学で、創立四十四周年の記念行事として開かせていただき、大盛況《だいせいきょう》でした。

中国文化大学で開催された「ガンジー・キング・イケダ——平和建設の遺産展」（2006年3月1日）　©Seikyo Shimbun

その開幕式で、私は、「池田先生は、獅子の如き勇敢さで、世界大同《だいどう》（世界平和）のために尽力《じんりょく》し、確かな道を開かれています」と申し上げました。

ともあれ、ガンジー、キング[*13]、そして池田先生——この三人の哲人《てつじん》の世界大同の推《すい》進《しん》における功績《こうせき》は、人々を感服《かんぷく》させてやみません。

池田　あまりにも過分《かぶん》なお言葉です。

張其昀博士は、人間の力こそが、世界を、そして時代をも創造《そうぞう》していけると呼びかけられました。張理事長との語《かた》らいを通して、この希望の哲学《てつがく》を学びゆくことは、新《あら》たな「人間革命《かくめい》」の大道を開く力になると、私は確信しています。

2　母と故郷《こきょう》を語る

子を思う母の深き心

池田　張理事長は、以前、女性に向けた私のエッセー集『虹《にじ》の調べ』の中国語版に、すばらしい序文《じょぶん》を寄《よ》せてくださいました。あらためて感謝《かんしゃ》申し上げます。

その中で、母の愛の深さについて論じられていますね。

張　池田先生の著作《ちょさく》には、深い慈愛《じあい》と人間性が溢《あふ》れています。先生の本が広く伝わることは、人々の思潮《しちょう》を啓蒙《けいもう》し、人心を揺《ゆ》さぶっていくに違《ちが》いありません。

池田　恐縮《きょうしゅく》です。その序文に、張理事長は、こう記《しる》されております。

「母の愛と母の教えは、幼児の人格《じんかく》形成に深い影響《えいきょう》を与《あた》える。ドイツの教育者フレーベル[*14]が『子どもは五歳になった時、すでに生涯《しょうがい》において学ぶべきものの全《すべ》てを学んでいるものだ』と述べているとおり、ナポレオン[*15]、プーシキン[*16]等といった人々の成功は、いずれも母の教えの薫陶《くんとう》の賜《たまもの》である」と。

非常に重要《じゅうよう》なご指摘《してき》です。

そこで、張理事長を育《はぐく》まれたお母様の龔太《きょうたい》夫人について、おうかがいしていきたいと思います。お母様は一九〇三年、浙江省《せっこうしょう》で、読書人（学者・知識人）の裕福《ゆうふく》なご家庭にお生まれになったようですね。

張　ええ。母は旧式の教育を受けた人で、幼年時代には短期間ではありますが、二年ほど纏足《てんそく》*17をしていたようです。

母は、父とともに、激動《げきどう》の二十世紀を生《い》き抜《ぬ》きました。無欲で献身《けんしん》的であった母は、父が研究に専念できるよう、常《つね》に努《つと》めていました。

池田　日蓮仏法では「や《箭》のはしる事は弓のちから」「をとこ《夫》のしわざはめ《婦》のちからなり」（『新編　日蓮大聖人御書全集』〈創価学会版〉九七五ページ。以下『御書』と略す）と説かれています。

父上の張其昀《ちょうきいん》博士の偉大《いだい》なご業績《ぎょうせき》が、聡明《そうめい》なお母様のひたむきな献身に支《ささ》えられていたことが、よくわかります。

張其昀博士のお仕事の関係や、大陸における戦火の拡大とともに、ご一家は、上海《シャンハイ》、南京《ナンキン》、杭州《こうしゅう》、江西《こうせい》の泰和《たいわ》、広西《こうせい》（現・広西チワン族自治区）の宜山《ぎざん》、貴州《きしゅう》の遵義《じゅんぎ》など、各地を転々とせざるを得《え》ませんでした。そのなかで日本軍の空襲《くうしゅう》に遭《あ》われたことを、私は血涙《けつるい》を絞《しぼ》る思いでうかがいました。戦争はあまりにも残酷《ざんこく》です。

張　それは一九三九年二月、広西の宜山に身を寄せていた時のことです。私は、ちょうど外出中でした。警報《けいほう》を耳にして、私は防空壕《ぼうくうごう》に避難《ひなん》したのですが、そうとは知らぬ母は大いに慌《あわ》て、危険を顧《かえり》みず、いたる所に横たわる死体を確認して回《まわ》ったそうです。警報が解除《かいじょ》され、無事《ぶじ》に戻《もど》ってきた私の姿《すがた》を見て、母はやっと憂《うれ》いを晴らすことができました。

池田　必死で探《さが》し回られた、お母様のお気持ちを思うと、胸が深く痛みます。子を思う母の心ほど、強く深いものはありません。

その空襲でも、多くの方々が犠牲《ぎせい》になられました。悪逆《あくぎゃく》な日本軍の爪痕《つめあと》は、あまりにも大きかった。戦争は絶対悪です。

張　当時、父は浙江《せっこう》大学で歴史・地理学を教えていました。父をはじめ大学関係者は、戦火を逃《のが》れ、何度も移転を余儀《よぎ》なくされました。一九四〇年には貴州の遵義に移り、そこで授業を続けたのです。

父が、米国ハーバード大学の招聘《しょうへい》を受けて渡航《とこう》したのは、一九四三年のことです。それから二年間、講義と研究に取り組みました。

池田　その時、お母様もごいっしょにアメリカに行かれたのですか？

張　いえ。父の留学の間、母は遵義に留《とど》まりました。そして私の勉強を見てくれました。しつけは厳《きび》しかったと思います。でも、そのおかげで、私は学問の基礎《きそ》を身につけることができました。

歴史上の二人の母を模範《もはん》に

池田　偉大《いだい》な母の薫陶《くんとう》ですね。

私が対談集をともに発刊した、中国思想

研究の大家《たいか》であるハーバード大学のドゥ・ウェイミン*18教授は、こう語っています。

「伝統《でんとう》的な中国において、果《は》たして、いかなる類型《るいけい》の人々が真の意味での儒家《じゅか》伝統の価値《かち》を世々代々にわたって受《う》け継《つ》ぎ、世界各地に伝えてきたのであろうか？　それは大儒《たいじゅ》でもなければ、哲学《てつがく》的な智慧《ちえ》のルーツを有する知識分子でもなく、母親の教育であると私は考える」

ここに、儒教《じゅきょう》伝統の深さがあり、強さがあります。また、これは、万般《ばんぱん》にわたる方程式《ほうていしき》と言えるでしょう。母の教育に勝《まさ》るものはありません。

お母様から、とくに張理事長が学ばれたことは何でしょうか。

張　やはり、教育に注《そそ》ぐ情熱でしょうか。

子どもの教育にとても熱心だった母は、中国の歴史における、二人の母の比類《ひるい》なき愛の心に敬意《けいい》を表《ひょう》していました。

一人は、有名な孟子《もうし》*19の母です。孟子は、幼いころ墓《ぼ》地《ち》の近くに住んでいて、隣近所《となりきんじょ》の子どもたちと死人の埋葬《まいそう》ごっこをして遊ぶのが好きでした。そこで、孟子の母は、市場の近くに引《ひ》っ越《こ》しました。すると孟子は、呼び売りの真似《まね》をするようになりました。そこで今度は、学校の近くに引っ越したところ、孟子は礼儀《れいぎ》正《ただ》しくなりました。

池田　有名な「孟母三遷《もうぼさんせん》」の故事《こじ》ですね。子を真剣《しんけん》に思う母の心それ自体が、何ものにも勝る教育環境をつくると言えますね。

孟子の母と言えば、「断機《だんき》の戒《いまし》め」も、よく知られています。若き日の孟子が学問の途中《とちゅう》で家に帰ってきた。学業《がくぎょう》はどこまで進んだかと尋《たず》ねる母に、孟子は「相変わらずです」という気のない返事だった。すると母は、織《お》っていた機《はた》を突然《とつぜん》、刀で断《た》ち切《き》った。そして、「あなたが学問を中途半端《ちゅうとはんぱ》でやめてしまうのは、私がこうして織物を断ち切ってしまうようなものだよ」と諭《さと》した――という話ですね。

張　ええ、それも有名な逸話《いつわ》ですね。

私の母が模範《もはん》にしていたもう一人は、宋《そう》の時代の欧陽脩《おうようしゅう》[*20]の母です。欧陽脩は四歳にして父親を亡《な》くしました。家が大変に貧しかったため、彼の母は教師を雇《やと》うだけの余裕《よゆう》がなく、葦竿《あしざお》を使って砂地に字を書きながら、自《みずか》ら子どもに字を教えるよりほかありませんでした。その母の教育が土台となって、欧陽脩はついに、一代の偉大《いだい》なる文学者へと成長しました。

池田　いわゆる「画荻教子《がてききょうし》」の故事ですね。

この欧陽脩の父も、清廉《せいれん》な役人で、人々のために尽《つ》くした、慈愛《じあい》深い立派《りっぱ》な人格《じんかく》の人だったようです。その亡《な》き父の偉大《いだい》さを、母は幼い欧陽脩《おうようしゅう》に、繰《く》り返《かえ》し、誇《ほこ》り高く語り聞かせました。

——人に尽《つ》くすには、生活が必ずしも豊かで贅沢《ぜいたく》である必要はない。大事なのは、孝《こう》養《よう》し献身《けんしん》したいという心でいることだ。これが、お父さんの志《こころざし》だったのだよ、と。

どんな苦境《くきょう》にも負けない、強く賢《かしこ》き母の一念は、必ずや、子どもの心に、健《すこ》やかな成長の種、幸福の種を植《う》えていくものです。

「孝《こう》」を重んじる中国文化

張　本当に、そのとおりですね。

私の母は常々《つねづね》、「孝行息子《こうこうむすこ》は父の志を継《つ》ぐものだ」と語っておりました。

孝をもって国を治《おさ》めようとした漢の時代においては、「孝」と「廉《れん》」[*21]が官吏登用《かんりとうよう》の条件に挙《あ》げられていました。いわゆる「忠臣《ちゅうしん》を孝子《こうし》の門に求める」というのがそれですが、漢代以降は科挙《かきょ》[*22]の試験《しけん》によって人材を募《つの》るようになりました。

いずれにせよ、「孝」は中国文化の特徴《とくちょう》をなすものです。ゆえに、「儒家《じゅか》は天を尊《たっと》びて父母に孝行し、西洋の宗教は天に孝行して父母を尊ぶ」と言われています。

池田　仏法においても「孝」を重んじています。とくに日蓮仏法では、「仏教をならはん者　父母・師匠《ししょう》・国恩《こくおん》をわするべしや」（『御書』二九三ページ）と、「父母の恩」「師匠の恩」「社会の恩」に報《むく》いることの大切《たいせつ》さを強調しています。その知恩《ちおん》・報恩《ほうおん》の道こそが、人間を人間たらしめる根本《こんぽん》の正しき軌道《きどう》だからです。

仏法上、釈尊《しゃくそん》のことを「世尊《せそん》」といいますが、その意義《いぎ》について、「一切《いっさい》の孝養の人の中に第一の孝養の人なれば世尊と号し奉《たてまつ》る」（『御書』一〇四六ページ）とも説かれています。

また、私の師である戸田先生は、仏法の平和運動の一つの意義を、青年にわかりやすくこう語っておりました。

「衆生を愛さなくてはならぬ戦いである。しかるに、青年は、親をも愛さぬような者も多いのに、どうして他人を愛せようか。その無慈悲《むじひ》の自分を乗《の》り越《こ》えて、仏の慈悲の境地を会得《えとく》する、人間革命《かくめい》の戦いである」（「青年訓」『戸田城聖全集』第一巻所収、聖教新聞社）

張　仏法の平和運動が、人間革命を土台として、誰《だれ》もが納得《なっとく》し得る普遍《ふへん》的な人間の生き方を説いていることに、深い共感を覚《おぼ》えます。

ところで、北斉《ほくせい》の顔之推《がんしすい》[*23]は「顔氏家訓《がんしかくん》」において、「父母が威厳《いげん》に満《み》ち、しかも慈悲を有《ゆう》するならば、子女《しじょ》は畏《おそ》れ慎《つつし》み、孝心《こうしん》を生ずるようになるものだ」と述べています。

私の母も、謹厳《きんげん》な人でしたが、慈悲《じひ》の心に溢《あふ》れていました。

池田　張理事長は、お母様の教育への大情熱を厳然《げんぜん》と受《う》け継《つ》がれました。そして、多くの青年を育《はぐく》み、台湾の教育界に不滅《ふめつ》の貢献《こうけん》を果《は》たしてこられました。これこそ、最大の親孝行であり、母に捧《ささ》げる見事《みごと》なる勝利の姿《すがた》であると思います。

苦難《くなん》を糧《かて》に勝利の人生《じんせい》を飾《かざ》った母

張　恐縮《きょうしゅく》です。ところで、今度は私が、池田先生のお母様について、うかがう番です（笑）。

池田先生のお母様も、私の母と同じく、戦争の時代には、大変なご苦労をされたのではないでしょうか。

池田　そうですね。私の母も、苦労の多い人生《じんせい》でした。しかし、明るい母でした。優《やさ》しい母でした。暮《く》らしがどんなに辛《つら》くとも、決して笑顔《えがお》を忘《わす》れない。父が病気になり、家《か》計《けい》が窮迫《きゅうはく》しても、「うちは貧乏《びんぼう》の横綱《よこづな》だ」と、朗《ほが》らかに笑い飛ばしていました。

一九四五年（昭和二十年）五月、東京が大空襲《くうしゅう》を受けた夜のことです。焼《しょう》夷《い》弾《だん》の攻《こう》撃《げき》で、火の手が随所《ずいしょ》に上がり、疎開《そかい》先に建《た》てたばかりのわが家《や》は全焼しました。噴《ふ》き上《あ》げる炎《ほのお》が夜空を焦《こ》がすなか、私たちは必死になって家財を守ろうとしましたが、運び出せたのは大きな長持《ながも》ち一つだけでした。

ところが翌朝、それを開けてみると、入っていたのは、何と、ひな人形だったのです。申《もう》し訳《わけ》なさそうに、こうもり傘《がさ》も一本、入っていました。皆《みな》、落胆《らくたん》するばかりでした。

その時、母が言ったのです。

「このおひなさまが飾《かざ》れるような家に、きっと住めるようになるよ。きっと……」

皆の顔に、思わず笑《え》みが浮かびました。温《あたた》かい希望《きぼう》が、胸にともりました。あの母の一言は、今もって心に響《ひび》いて忘れることができません。

張　美しいお話です。お母様は何があっても負けず、常《つね》に家族を太陽のような温《ぬく》もりで包《つつ》まれたのですね。

池田　震災《しんさい》、貧困《ひんこん》、夫の病《やまい》、戦禍《せんか》、息子《むすこ》たちの出征《しゅっせい》、長男の戦死……。私の母は、数々の苦難《くなん》に見舞《みま》われた生涯《しょうがい》であったと言えるでしょう。

しかし母には、そうした苦難に断《だん》じて負けずに厳然と乗《の》り越《こ》える、心の強さがありました。

亡《な》くなる前、見舞《みま》いに行った私に、母は、しみじみと語ってくれました。「社会のために貢献《こうけん》する人間が、私の子どもから出た。それが私は本当にうれしい」と。母というのは、つくづく、ありがたいものです。

そして、母が言ったのが、「私の人生《じんせい》は楽しかった。私は勝った。私は勝ったよ」という一言でした。

張　深く感銘《かんめい》しました。池田先生を育て上げられたお母様は、まさに、それ自体が偉大《いだい》な勝利の人生であられました。お母様は、筆舌《ひつぜつ》に尽《つ》くせぬご苦労をも、より深く幸福を味わっていくための糧《かて》に変えていかれたのだと思います。

池田　ありがとうございます。私の師である戸田先生もよく、「人生の幸不幸は途中では決まらない。本当の幸福境涯《きょうがい》は、晩年の数年間に開かれる」と語っていました。その深い意味が、今の私には、よくわかります。

戸田先生との語《かた》らいの中で、私がモンテーニュ*24の箴言《しんげん》を申し上げたことがあります。戸田先生も深く頷《うなず》いておられました。それは、こういう内容の言葉です。

「運命はわれわれに幸福も不幸も与《あた》えない。運命はただその素材と種子を提供するだけだ。それを、それよりも強いわれわれの心が好きなように変えたり、用《もち》いたりする。わ

19世紀の寧波港の賑わい　©AKG-Images/PPS

れわれの心がそれを幸福にも、不幸にもする唯一《ゆいいつ》の原因であり、支配者《しはいしゃ》なのだ」（『世界文学大系9A　モンテーニュ』原二郎訳、筑摩書房）

いかなる苦労や苦難《くなん》も幸福へのバネにしていけるような、朗《ほが》らかな「忍耐《にんたい》」と「勇気」と「希望」の人生でありたいものです。

母なる故郷《こきょう》――人材の揺籃《ようらん》・寧波《ニンポー》

池田　ここで、張理事長の〝母なる故郷〟である、中国・浙江省《せっこうしょう》の寧波《ニンポー》についてうかがいたいと思います。中国の海岸線のほぼ中央に位置する寧波は、かつて遣隋使《けんずいし》・遣唐使《けんとうし》が行き来した地であり、日本ともゆかりの深い天地です。

理事長は、二〇〇二年の十月に、五十年ぶりに寧波《ニンポー》に帰られたそうですね。

張　ええ。近年、私は二度、帰郷《ききょう》しました。寧波はすでに、極《きわ》めて繁栄《はんえい》した都市になっていました。二〇〇五年の人口は五百五十万で、工業生産額《せいさんがく》は、上海《シャンハイ》、深圳《しんせん》、広州《こうしゅう》、北京《ペキン》、天津《てんしん》、杭州《こうしゅう》に次《つ》いで中国第七位です。

私は、幼年時代に故郷《こきょう》を離《はな》れ、南京《ナンキン》で育ち、戦時中は各地を転々とした後、貴州《きしゅう》に移り住みましたが、比較《ひかく》するに、寧波の生活水準が最も高く、しかも文化の息吹《いぶき》に満《み》ちていました。『論語』[*25]に「智者《ちしゃ》は水を楽しみ、仁者《じんしゃ》は山を楽しむ」とありますが、寧波は山水《さんすい》の霊《れい》を兼《か》ね備《そな》えた風光明媚《ふうこうめいび》な地であり、唐代《とうだい》の大詩人の李白《りはく》[*26]も寧波の風景を歌った六首の詩を詠《よ》んでいます。

池田　詩情溢《しじょうあふ》れる天地です。寧波の地名は、「海定《さだ》まらば、即《すなわ》ち波寧《やす》らかなり」との意味ですね。明代《みんだい》の一三八一年に、それまでの「明州《みんしゅう》」から改称《かいしょう》されました。その名のとおり、穏《おだ》やかで住みやすく、早くから文明が栄《さか》えてきたことは、よく知られております。

張　ええ。一九七三年、寧波市から二十キロメートルほど離れた郊外《こうがい》で河姆渡遺跡《かぼといせき》が発見されました。これにより、今から七千年前、寧波や紹興一帯《しょうこういったい》にすでに新石器時代[*27]の

天台山（中国・浙江省）　©Seikyo Shimbun

文明が存在していて、その地が世界最古の稲作《いなさく》地域であるとともに、中国文明発祥《はっしょう》の地の一つであることが証明されました。

池田　有名な天台山も、寧波の近くにありますね。法華経《ほけきょう》の「一念三千」の哲理《てつり》を明晰《めいせき》に体系化した、人類《じんるい》の知性・天台大師*28が活躍《かつやく》した地です。私も、いつの日か、天台山を訪《たず》ねたいと願《ねが》ってきましたが、残念ながら、まだ実現しておりません。

張　おっしゃるとおり、寧波は仏教の勝《しょう》地《ち》でもあります。後漢《ごかん》の時代に建立《こんりゅう》が始まった保国寺《ほこくじ》は、北宋《ほくそう》時代に完成しましたが、一本の釘《くぎ》も用《もち》いず、すべてが木造りの精巧《せいこう》な構造《こうぞう》を誇《ほこ》る寺院です。

また、多くの高名《こうめい》な思想家、学者、政治

家たちが、この地域から出ています。父が思想的に影響《えいきょう》を受けた王陽明《おうようめい》*29も、この近くの出身です。明代末期《みんだいまっき》に活躍《かつやく》した朱舜水《しゅしゅんすい》*30も、そうです。陽明学派の大学者で、日本に渡《わた》り、日本の政治・文化に大きな影響を与《あた》えました。

池田　朱舜水は、日本の徳川光圀《みつくに》*31が水戸藩《みとはん》に招き、師事《しじ》したことでも有名です。「経世《けいせい》済民《さいみん》*32」を説く朱舜水の思想は、人々に大きな影響を与えました。ちなみに、この朱舜水が伝えた「ラーメン」を、光圀が日本で最初に食したとも言われています。

十九世紀に中国を訪《おとず》れたドイツの地質《ちしつ》学者リヒトホーフェン*33は、寧波《ニンポー》人について、〝勤勉《きんべん》にして努力奮闘《ふんとう》を惜《お》しまず、大事業に対する熱意や大企業家《きぎょうか》精神という面において極《きわ》めて優秀《ゆうしゅう》である〟という趣旨《しゅし》の感嘆《かんたん》の言葉を残しています。大海原《おおうなばら》を望《のぞ》み、世界に開かれた寧波は、古来《こらい》、大いなる人材の揺籃《ようらん》（ゆりかご）でしたね。

張　ええ。海に面した寧波は、中国の造船と航海の発祥地《はっしょうち》で、西暦《せいれき》一〇年にはすでに海船《かいせん》が存在していました。漢王朝《かんおうちょう》が市《いち》を設《もう》けた三世紀ごろには、日本と寧波の間《あいだ》に行き来があり、唐代《とうだい》の日本の遣唐使《けんとうし》は、まず明州《みんしゅう》に留《とど》まりました。それゆえに「海のシルクロード」と呼ばれました。

さらに寧波には、宋《そう》の太宗《たいそう》*34の時代に舶司《せんし》が置かれ、アラブ商人が居住《きょじゅう》するための

月湖から寧波市街を望む　©Huw Jones/Alamy/PPS

した。

「波斯巷《ペルシャこう》（ペルシャ人街）」が設けられていま

アヘン戦争[*35]後の一八四二年の「南京《ナンキン》条《じょう》約《やく》」で、寧波は五つの貿易港《ぼうえきこう》の一つとして開港されました。一九一六年には、国父《こくふ》・孫文《そんぶん》先生[*36]が寧波で「寧波の気風《きふう》の開かれしは各地の冠《かん》なり」と題する演説を行《おこな》っています。

池田　孫文先生は、「およそ我が国の諸々《もろもろ》の港町で、寧波人の事業が存在しない所はなく、欧州《おうしゅう》諸国においても、寧波商人の足跡《そくせき》が随所《ずいしょ》に見られ、その影響力と能力の大きさたるや、もとより最高最大と言うべきものである」（『孫中山全集』第三巻、中国社科院近代史所等編、中華書局）とも語っていますね。

牧口初代会長は『人生地理学《じんせい》』で、「港」を「人類《じんるい》の多く集会する所、殊《こと》に海外の文化に接触《せっしょく》する機会《きかい》に富む所、是《こ》れ文化の起発《きはつ》する所たり」（『人生地理学〈上〉』『牧口常三郎全集』第一巻所収、第三文明社）と意義《いぎ》づけました。

さまざまな文化が出会い、交差《こうさ》する港には、多様性《たようせい》を豊かな土壌《どじょう》とする新《あら》たな文化の息吹《いぶき》が生まれます。

天然《てんねん》の良港に恵《めぐ》まれ、古くから貿易《ぼうえき》で栄えた寧波《ニンポー》は、今や世界最大級の近代的な港湾《こうわん》都市に発展していますね。

文化交流にかける燃え上がる魂《たましい》

張　ええ。寧波の北侖港《ほくりんこう》は、中国で最も優《すぐ》れた深水港《しんすいこう》で、十万トン級の貨物船《かもつせん》の着岸《ちゃくがん》が可能です。二〇〇五年の貨物積み降ろし量は二億六千八百万トンで、上海《シャンハイ》に次《つ》いで第二位ですが、上海は深水港ではなく貨物の積み降ろしには艀《はしけ》を用《もち》いなければなりません。寧波と上海の間には、目下《もっか》、銭塘江《せんとうこう》を跨《また》ぐ大橋が建設中で、その完成後には寧波はさらに繁栄《はんえい》することでしょう（＝「杭州湾《こうしゅうわん》海上大橋」は、対談の終了後、二〇〇八年五月に開通)。池田先生の生まれ故郷《こきょう》も、海のすぐそばと聞いていますが。

池田 ええ、東京・大田区の大森です。今の東京からは想像できないかもしれませんが、当時は漁村の趣《おもむき》があり、都会の中の田舎《いなか》のような所でした。

沖合《おきあい》にかけて、海苔《のり》の竹ヒビ(海苔の胞子《ほうし》を付着させて育てるために、海中に立てる竹)が並んでいました。

子どものころから、よく早起きをして、海苔製造の作業を手伝《てつだ》ったものです。東の空が明るみ、太陽が昇《のぼ》ると、水面に金波銀波《きんぱぎんぱ》が躍《おど》ります。極彩色《ごくさいしき》に変化しゆく、海と空の壮麗《そうれい》な光景は、今も心に焼き付いて離《はな》れません。

牧口先生は、世界に開かれた海は、人間に〝進取《しんしゅ》の気性《きしょう》〟を呼び起こすと洞察《どうさつ》していました。

張 私も、そう思います。また港を、経済的な観点《かんてん》だけでなく、文化交流という視点《してん》からとらえた牧口先生の見解《けんかい》に、深く共感します。

かつての寧波県の県誌《けんし》に、当時の日本の地図が掲載《けいさい》されていることからもわかるように、寧波は中国において、唐《とう》、宋《そう》、元《げん》、明《みん》の時代に、日本との交流が最も頻繁《ひんぱん》に行《おこな》われた地域でした。

中国から日本に渡《わた》った僧《そう》たちも、いったん寧波《ニンポー》に来て思想を弘《ひろ》め、それから日本に渡ったのです。

池田 この寧波を要《かなめ》とした交流の中でも、特筆《とくひつ》すべきは、やはり遣隋使《けんずいし》・遣唐使《けんとうし》の歴史ですね。諸説ありますが、遣隋使は前後六回、遣唐使の渡海《とかい》は十六回に及《およ》びます。

張 当時、日本の使節《しせつ》が中国を訪《おとず》れるには、明州《みんしゅう》（寧波）を経由《けいゆ》せねばならず、順風《じゅんぷう》であれば十日で到達《とうたつ》できたといいます。

日本の使節は、浙江《せっこう》の寺院で言葉を習い、修行したのちに、中国の京畿《けいき》の地（都）へと赴《おもむ》きました。たとえば、阿倍仲麻呂《あべのなかまろ》（中国名は「晁卿《ちょうけい》」）はよく知られていますね。

池田 ええ。十代で唐に留学した仲麻呂は、科挙《かきょ》に合格し、唐で官職に就《つ》いて活躍《かつやく》しました。

彼が、長安《ちょうあん》の月を仰《あお》ぎながら、故郷《こきょう》である奈良《なら》の三笠山《みかさやま》に昇《のぼ》る月を詠《よ》んだ望郷《ぼうきょう》の歌は、あまりにも有名です。

「天《あま》の原《はら》　ふりさけみれば　春日《かすが》なる　三笠の山に　出《い》でし月かも」

彼は一度、帰国を試《こころ》みましたが、船が嵐《あらし》に遭《あ》って、かなわなかった。漂流《ひょうりゅう》の果《は》て、今のベトナムにたどり着きました。彼は、再び唐へ戻《もど》り、ついに故郷を見ることなく、

中国文化大学・華風ホールで行われた創価大学パイオニア吹奏楽団との合同演奏会。両大学の交流10周年を祝賀。（2005年3月3日）　©Seikyo Shimbun

七十二歳の生涯《しょうがい》を終えました。

張　阿倍仲麻呂と無二の親友だった詩人の李白《りはく》は、仲麻呂が遭難《そうなん》して命を失《うしな》ったとの誤報《ごほう》を受けて、哀悼《あいとう》の詩を詠んでいます。

「日本の晁卿《ちょうけい》帝都《ていと》を辞《じ》し、征帆一片《せいはんいっぺん》蓬《ほう》壺《こ》を繞《めぐ》る。明月《めいげつ》帰らず碧海《へきかい》に沈《しず》み、白雲《はくうん》愁色《しゅうしょく》にして蒼梧《そうご》に満《み》つ」

――日本の晁卿（阿倍仲麻呂）は長安を去り、征《ゆ》く船の帆《ほ》は小さくなり蓬壺（日本）へと向かう。しかし明月（仲麻呂）は大海に沈み、白い雲は悲しみをたたえて蒼梧（中国古代・舜帝《しゅんてい》*37の墓所《ぼしょ》）に満ちている。

池田　不滅《ふめつ》の友情の名詩です。

当時、中国と日本の往来《おうらい》は、船の難破《なんぱ》や漂流など、常《つね》に命の危険をともなうものでした。それでも、先人《せんじん》たちは、新しき知識と文化を求めて、決死の覚悟《かくご》で中国に向かったのです。そして、中国の先人は、その日本人を大きく受け入れ、大切《たいせつ》に遇《ぐう》して、友情を結《むす》んでくださった。

文化の交流にかける、この燃え上がる魂《たましい》を、私たちは今一度、見習わなければならないと思います。

張　本当に、そうですね。

池田先生の創立された創価大学と、私たちの中国文化大学は一九九五年七月、学術《がくじゅつ》教育交流協定《きょうてい》を締結《ていけつ》しました。留学生の交換《こうかん》を通して、友誼《ゆうぎ》の絆《きずな》もいよいよ強くなっています。

池田　青年たちの絆を強く大きく育《はぐく》んでいくことが、二十一世紀のアジアには絶対に欠《か》かせません。そのために私も、張理事長とごいっしょに、よりいっそう力を尽《つ》くしていくつもりです。それが、偉大《いだい》な母たちの平和の願いに応《こた》える道でもあるからです。

3 「麗《うるわ》しの島」台湾の自然と魅力《みりょく》

憧《あこが》れの名峰《めいほう》「玉山《ぎょくざん》」

池田 いにしえより、詩情《しじょう》も豊かな台湾の自然は、訪《おとず》れる人々の心をとらえ、魅了《みりょう》してきました。

清代《しんだい》の歴史家・連横《れんおう》は、*38 綴《つづ》っています。

「台湾の山河《さんが》の奇抜《きばつ》な美しさ、波濤《はとう》の壮麗《そうれい》さ、動と静とが織《お》りなす動植物の変化は、人間の視野《しや》を広げ、度量《どりょう》を大きくするだけではない。

それは、遊覧《ゆうらん》の足跡《そくせき》を書き留め、深く探求するに値《あたい》する、自然が造り上げた詩の世界である」(『台湾通史』中華叢書《そうしょ》委員会)

十六世紀末、ポルトガルの航海者が感嘆《かんたん》して、そのあまりの美しさに「イラ・フォルモサ!」(麗《うるわ》しの島!)と叫《さけ》んだ逸話《いつわ》も、よく知られております。

以来、台湾は「フォルモサ」「美麗島《びれいとう》」と謳《うた》われ、世界の憧《あこが》れとなってきました。

ここでは、その「麗《うるわ》しの島」の自然の魅力《みりょく》や多様性《たようせい》、そして歴史などについて、高名《こうめい》な地理学者であられる張理事長に、うかがってまいりたいと思います。

張　喜んでお話しさせていただきます。台湾の魅力をお話しできることほど、うれしいことはありません。

池田　台湾には、雄大《ゆうだい》な高山《こうざん》が連なり、三千メートルを超《こ》える峰々《みねみね》が二百以上も聳《そび》えています。その中でも、多くの日本人が、まず思《おも》い浮《う》かべるのは、名峰《めいほう》「玉山《ぎょくざん》」*39ではないでしょうか。富士山よりも高く、三九五二メートルもありますね。

張　ええ。「玉山」は北東アジア第一の高峰《こうほう》です。日本の占領《せんりょう》時代、「新高山《にいたかやま》」と改名されたことがありましたが、戦後はその名を回復しました。一九八一年には「玉山国家公園」に指定され、その特殊《とくしゅ》な景観《けいかん》や自然環境が保護《ほご》されています。毎年、秋冬の季節になると冠雪《かんせつ》し、まさに「玉」の如《ごと》く光り輝《かがや》きます。

池田　牧口初代会長の『人生地理学《じんせいちりがく》』にも、雪を冠《かん》する秀麗《しゅうれい》な山の代表として、この「玉山」の名が記《しる》されています。

近代台湾の詩人・陳虚谷《ちんきょこく》*40が、玉山の偉容《いよう》を歌った詩も勇壮《ゆうそう》です。

台湾の最高峰・玉山　©Christian Klein/Alamy/PPS

「山雲《さんうん》縷々《るる》として自《おの》ずと空に騰《あが》り、雲態《うんたい》悠々《ゆうゆう》として各《おのおの》同じからず。唯《ただ》玉山のみ有りて雲海《うんかい》に似《に》、日高くとも猶乱山中《なおらんさんちゅう》に臥《が》するがごとし」（『陳虚谷選集』鴻蒙《こうもう》文学出版公司）

（「山の雲がいく筋もいく筋も空に立ち上り、その雲の動きはゆったりとしているが、それぞれに違った形を呈《てい》している。ただ玉山の雲だけは海に似ていて、太陽が空高く昇《のぼ》っても、なお山々の間に寝《ね》そべっているかのようである」）

名峰「玉山」は、多くの登山家にとっても、勇《いさ》んで挑《いど》みゆく憧れの山のようですね。

張　ええ。現在、玉山の山頂《さんちょう》にある唯一《ゆいいつ》の建築物は、六十年の歴史を誇《ほこ》る玉山気《き》象《しょう》観測所《かんそくじょ》で、観測員一人が、厳《きび》しい生活を送っています。彼らは、毎月一度、任務《にんむ》を交代します。

かつて山頂《さんちょう》には、大書道家として名高い于右任《うゆうにん》*41の銅像もありました。

池田 ああ、そうですか。于右任先生は、孫文《そんぶん》先生の同志として抗日《こうにち》戦争を戦われた革《かく》命家《めいか》としても有名ですね。草書《そうしょ》の大家《たいか》「草聖《そうせい》」として、日本でも大変に尊敬《そんけい》されています。偉大《いだい》な教育者であり、詩人でもあられました。

実は、二〇〇七年の一月、香港《ホンコン》中文大学の劉遵義《りゅうじゅんぎ》学長とお会いする機会《きかい》がありました。この劉学長の祖父君《そふぎみ》（母方の祖父）に当たるのが、于右任先生です。この于右任先生が、復旦《ふくたん》大学の創立に尽力《じんりょく》し、師匠《ししょう》を宣揚《せんよう》されたことなど、さまざま語り合いました。

その際《さい》、劉学長は、祖父君の貴重《きちょう》な書を贈《おく》ってくださいました。

「天地の為《ため》に心を立て、生民《せいみん》の為に命を立て、往聖《おうせい》の為に絶学《ぜつがく》を継《つ》ぎ、万世《ばんせい》の為に太平《たいへい》を開く」――宋《そう》の学者・張横渠《ちょうおうきょ》*42の有名な言葉が、墨痕鮮《ぼっこんあざ》やかに認《したた》められていました。

これは、貴・中国文化大学の校歌の一節でもありますね。于右任先生は、まさにこの気高《けだか》き志《こころざし》のままに、生涯《しょうがい》を貫《つらぬ》かれた方でした。

人間の王者《おうじゃ》の風格《ふうかく》を湛《たた》えたこの書は、創価学会の宝として、大切《たいせつ》に保管されています。

張　于右任先生は、万民から愛された偉大な方です。大陸の各地にも、台湾の町々にも、于先生が認《したた》められた名筆《めいひつ》の数々が、今なお掲《かか》げられています。

注目される台湾のヒノキ

池田　さて、「玉山《ぎょくざん》」と並んで、日本人に馴染《なじ》みの深いのが「阿里山《ありさん》」です。

阿里山は、第一に日の出、第二に夕焼け、第三に雲海《うんかい》、第四に鉄道、そして第五に神木《しんぼく》の「五大奇観《きかん》」で世界的に名高いですね。

恩師・戸田先生も、台湾を愛し、「阿里山を見てみたいな」と、しばしば語っておられました。ですから、弟子である私も同じ思いを抱《いだ》いてきました。

阿里山は、中南部の嘉義《かぎ》県にある十五の山々の総称《そうしょう》です。樹齢《じゅれい》千年を超《こ》えるヒノキの原生林《げんせいりん》も擁《よう》していますね。

張　ヒノキは、六百万年前には世界の多くの地域に分布《ぶんぷ》していましたが、現存するのは、北米の三種、日本の二種、台湾の二種の七種類のみとなってしまいました。このうち、台湾のものが品質的に最も優《すぐ》れているとされています。

台湾のヒノキは、「ベニヒ」と「タイワンヒノキ」で、高さ千六百メートルから二千四百メートルの高地に分布《ぶんぷ》しています。気温は十度から二十度、年間降水量《こうすいりょう》は約二千九百ミリメートルから四千二百ミリメートルと、雨量も非常に豊富な地域です。

独特《どくとく》の香気《こうき》を有するヒノキは、腐《くさ》りにくく、品質的にも優《すぐ》れていて、経済価値《かち》が高い。日本でも古くから廟宇《びょうう》といった重要《じゅうよう》建築物には、いずれもヒノキが用《もち》いられましたね。

池田　そのとおりです。八世紀に成立した歴史書『日本書紀《にほんしょき》』*43にも、「スギとクスは船に、ヒノキは宮殿《きゅうでん》に」（神代上第八段）などと記《しる》されています。

とりわけ台湾のヒノキは、現代の日本において、伝統《でんとう》建築の高級建材として、重用《ちょうよう》されてきました。

「タイワンヒノキ」などに含《ふく》まれる「ヒノキチオール」には、優れた防虫、抗菌《こうきん》、消炎《しょうえん》作用があります。近年、さらにリラクセーションなど、さまざまな効能《こうのう》のあることが研究され、注目されています。

さらにまた、北東部の棲蘭山《せいらんざん》のヒノキ林は、東アジア最大の針葉樹林《しんようじゅりん》として、世界遺《い》産《さん》への登録《とうろく》が進められています。その一方で、乱伐《らんばつ》による枯渇《こかつ》や環境破壊《はかい》も懸念《けねん》されていますね。

張　ええ。台湾の棲蘭は「ベニヒ」の重要な産地で、約六千ヘクタールの面積を有《ゆう》して

阿里山の神木
©aflo

いますが、乱伐《らんばつ》のために、その数は著《いちじる》しく減少しています。

そこで、先住民族《みんぞく》や環境保護《ほご》団体が、棲蘭《せいらん》の森林を守る運動を起こし、一九九八年から今日《こんにち》までに三度のデモを行《おこな》い、十万人を超《こ》す署名《しょめい》によって乱伐の阻止《そし》に成功しました。また、百四十一人の立法委員（衆議院議員に相当）が署名を行い、棲蘭地域の「馬告《ばこく》檜木《かいぼく》国家公園」の成立を支持しました。

池田　私は、かつてアメリカ西海岸の「ミューア・ウッズ国定公園」を訪《おとず》れたことがあります。〝自然保護の父〟ジョン・ミューア[*44]らの奔走《ほんそう》によって、一九〇三年に国定公園に指定されました。その尊《とうと》き努力がなければ、樹齢《じゅれい》千年を超える貴重《きちょう》なレッド・ウッズの森は、すでに消えていたかも知れません。

いずれにせよ、環境の保全《ほぜん》と向上《こうじょう》には、社会全体の意志と取り組みが不可欠《ふかけつ》です。その意味で、「馬告檜木国家公園《ばこくかいぼく》」の制定《せいてい》は、大変に意義《いぎ》あるものと思います。

環境問題については、章を改めて論じ合いたいと思いますが、仏法では「依正不二《えしょうふに》」[*45]といい、「自身」（正報《しょうほう》）と「環境」（依報《えほう》）は「二」にして「不二」の関係にあると説きます。すなわち、相互《そうご》に深い連関《れんかん》があり、環境を守ることは、自分自身を守ることになるのです。

仏典に「正報なくば依報なし・又正報をば依報をもつて此《こ》れをつくる」（『御書』一一四〇ページ）とあるとおりです。

こうした視座《しざ》に立てば、自然環境の荒廃《こうはい》は、人間の心の荒廃を映し出す「鏡」であることがよくわかります。

ともあれ、美しい大自然の姿《すがた》を、いかに後世に残していくか。私たちの知恵《ちえ》と行動が、まさに今、問われております。

火山活動で盆地《ぼんち》が山脈に

池田　次に、台湾島《たいわんとう》の成《な》り立《た》ちについて、うかがいたいと思います。

もともと台湾島は、中国大陸とつながっていたとされています。それが、今から一万八千年前の氷河《ひょうが》時代末期に、気候の変化と氷河の融解《ゆうかい》によって海面《かいめん》が上昇《じょうしょう》し、しだいに中国大陸から分離《ぶんり》していきました。そして一万年前に、現在の姿になったと言われていますね。

張　ええ。今から二万五千年前には、気候が急激に寒くなり、世界の氷河面積の拡大によって海面が下がり、台湾海峡《かいきょう》の海底が陸地となって現《あらわ》れました。そしてこの時、動物や人類《じんるい》が中国大陸から台湾に移動しました。

氷河期《ひょうがき》が終わると、気温が再び高くなり、海面《かいめん》も上昇《じょうしょう》し始めました。約一万年前までに、台湾と大陸の間に海峡《かいきょう》が形成され、それが今日《こんにち》まで続いているのです。

池田　さらに、多くの山々が聳《そび》える現在の台湾の地形を造ったものとして、活発な地殻《ちかく》の運動と火山活動が挙《あ》げられますね。

張　台湾は、六千六百万年前の中生代《ちゅうせいだい》*46には、一つの堆積盆地《たいせきぼんち》*47でした。六百万年前の上《じょう》新世期《しんせいき》に、台湾の地質史上《ちしつしじょう》で最も重要《じゅうよう》な「蓬萊造山運動《ほうらいぞうざんうんどう》」*48が起こり、堆積《たいせき》された泥岩《でいがん》が変質しつつ隆起《りゅうき》して、中央山脈を形成しました。そして、百六十万年前の更新世期《こうしんせいき》には、南端《なんたん》のルソンの島弧《とうこ》*49が台湾本島にぶつかり、海岸山脈を形成しました。

それと時を同じくして、台湾北部でも大量の溶岩流《ようがんりゅう》をともなう噴火《ふんか》活動が起こり、大《だい》屯火山群《とんかざんぐん》と基隆《きりゅう》火山群*50が形成されました。そして現在に至《いた》っても、中央山脈は依然《いぜん》として成長を続けているのです。

少々難《むずか》しくなりますが、台湾東部の秀姑巒渓《しゅうこらんけい》*51は、ルソンの火山島嶼《とうしょ》の北端《ほくたん》となります。「ルソンの火山島弧」と地圧《ちあつ》によって隆起《りゅうき》した山脈の間に存在する断層帯《だんそうたい》が、すなわち「花東縦谷《かとうじゅうこく》」です。

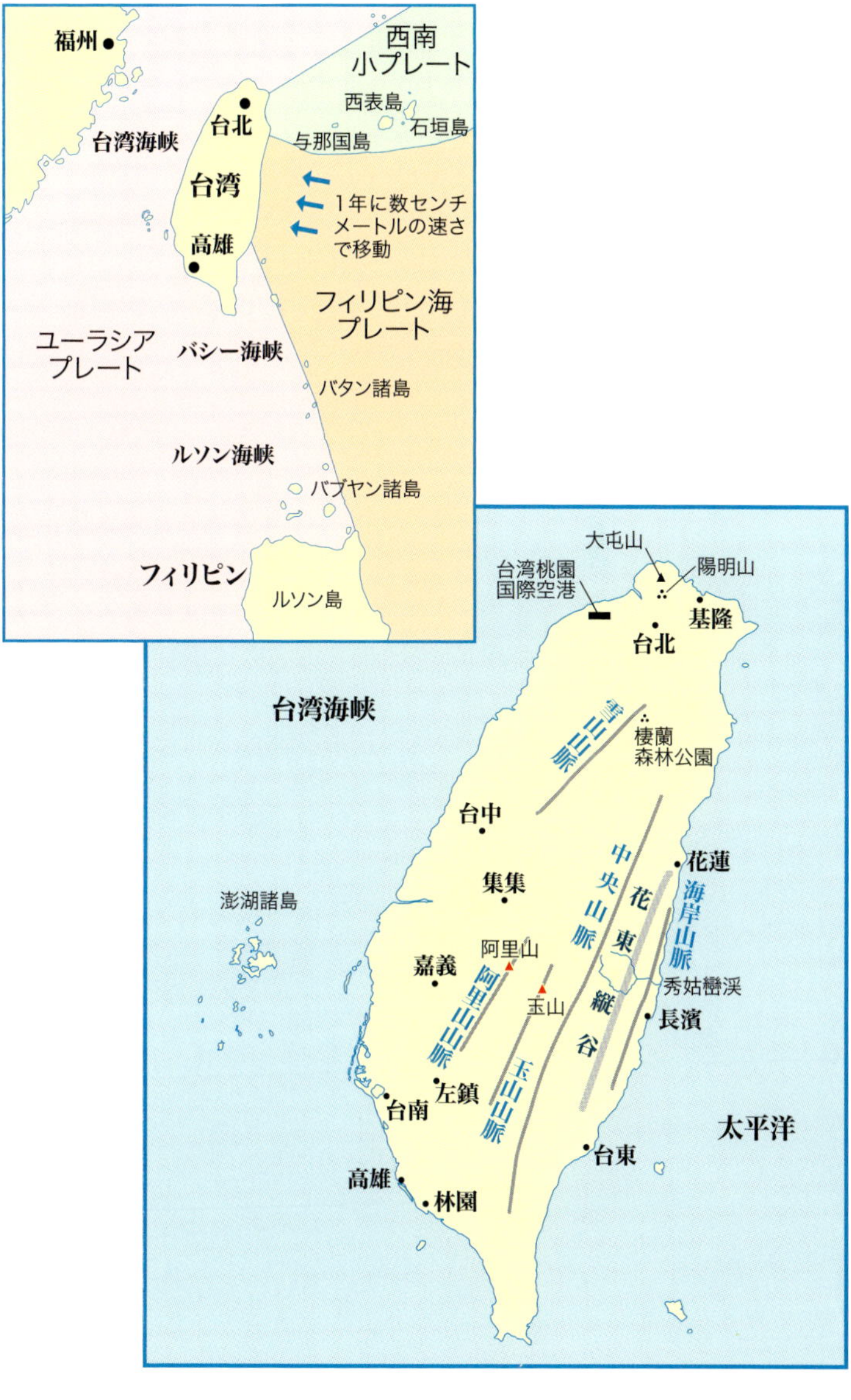
福州
西南
小プレート
西表島
石垣島
台北
与那国島
台湾海峡
台湾
1年に数センチメートルの速さで移動
高雄
フィリピン海
プレート
ユーラシア
プレート
バシー海峡
バタン諸島
ルソン海峡
バブヤン諸島
フィリピン
ルソン島
大屯山
台湾桃園
国際空港
陽明山
基隆
台北
台湾海峡
雪山山脈
棲蘭
森林公園
台中
花蓮
中央山脈
花東縦谷
海岸山脈
集集
澎湖諸島
阿里山
嘉義
阿里山山脈
玉山
秀姑巒渓
長濱
玉山山脈
左鎮
台南
太平洋
台東
高雄
林園

台湾の岩石の種類は極《きわ》めて多く、それらには、大理石《だいりせき》、片麻岩《へんまがん》、粘板岩《ねんばんがん》、砂岩《さがん》、頁岩《けつがん》、礫岩《れきがん》、火成岩《かせいがん》が含《ふく》まれています。

池田　驚《おどろ》くべきことに、台湾の山々は今なお、毎年、少しずつ上昇《じょうしょう》していると言われていますね。

ヒマラヤ山脈もそうであるように、かつて海や盆地《ぼんち》であったところが、数千メートル級の山脈へと姿《すがた》を変え、成長していく――。地球の計《はか》り知《し》れないエネルギーを感じさせる、ダイナミックなドラマです。

「台風」と「地震《じしん》」の脅威《きょうい》

張　さきほども話題となりましたが、四方を海に囲《かこ》まれた台湾は、海洋の景観《けいかん》がすばらしく、「麗《うるわ》しの島」と呼ばれてきました。また、「さまざまに姿を変える」美しい海の島でもあります。

しかし一方で、台湾は多くの自然災害に見舞《みま》われる島でもあります。

一つは、「台風」です。パラオからフィリピン海付近《ふきん》で発生した台風は、かなりの頻度《ひんど》で台湾を通過します。五、六月に南海からやってくる西南気流も大量の水蒸気を含んでいるため、数時間から一、二日の間に、非常に強い雨が降ったりします。その強さは、世界記録に近いものがあります。

豪雨《ごうう》は水害をもたらします。とりわけ、台湾の地質《ちしつ》構造は「多断層《たたんそう》」*52であるため、土壌《どじょう》の侵蝕率《しんしょくりつ》も、実は世界でトップクラスなのです。

池田　台湾と日本は、ともにアジア大陸の東側に位置する、いわゆる「花綵列島《かさいれっとう》」*53に属し、地理的にも多くの共通点《きょうつうてん》をもっています。日本も、台風の被害《ひがい》には悩《なや》まされてきました。

しかも近年は、地球の温暖化《おんだんか》の影響《えいきょう》もあるのでしょうか、本州でも大きな被害《ひがい》を受ける回数が増《ふ》えてきました。

張　その被害の模様《もよう》は、よく台湾のニュースでも報道されています。

日本と共通するもう一つの大きな自然災害といえば「地震《じしん》」です。

このたびは「新潟県中越沖《にいがたけんちゅうえつおき》地震」（二〇〇七年七月十六日）で甚大《じんだい》な被害に遭《あ》われた被《ひ》災者《さいしゃ》の方々、そしてご家族の皆《みな》さま方に心からのお見舞《みま》いを申し上げます。私たちも大変心配しております。

池田　ありがとうございます。新潟・長野にも、私ども創価学会の多くの友がおります。

皆《みな》で力を合わせ、被災者《ひさいしゃ》の支援《しえん》と復興《ふっこう》活動に、毅然《きぜん》と立ち上がっております。

張　台湾も、ユーラシア大陸、フィリピン、太平洋という三つの大きなプレート[*54]の間に位置しているため、地震《じしん》には気をつけなければなりません。

明《みん》の崇禎《すうてい》十七年（一六四四年）から今日《こんにち》に至《いた》るまでの約三百六十年間に、台湾では百十回もの大きな地震が発生しており、そのうちの七回は、震度《しんど》七以上の強い地震です。記憶《きおく》に新しい、一九九九年九月二十一日に起きた、南投県集集鎮《なんとうけんしゅうしゅうちん》を震源《しんげん》とする地震の規模《きぼ》は、マグニチュード七・三で、二千四百十五人が犠牲《ぎせい》になり、一万一千人以上が負傷《ふしょう》しました。

全壊《ぜんかい》した家屋《かおく》、半倒壊《とうかい》家屋は、それぞれ五万軒《けん》以上に達し、三千余億《よおく》台湾元《げん》もの財産が失《うしな》われました。

池田　あの時の大地震のことは、私も忘《わす》れることができません。台湾の皆さまの無事《ぶじ》を祈《いの》りつつ、台湾創価学会のメンバーと連携《れんけい》を取り合いました。また、仏法者として、犠牲となられた方々の追善《ついぜん》を、懇《ねんご》ろに行《おこな》わせていただきました。

張　私どもの中国文化大学も、大地震で電気が止まり、電話も不通になりました。翌日、電話が開通して真っ先にお見舞《みま》いを伝えてくださったのが池田先生でした。

台湾創価学会による台湾大地震の救援活動　©Seikyo Shimbun

また、地震発生後、台湾創価学会の皆さまが、ただちに救援《きゅうえん》活動を行《おこな》ってくださったことに、私たちは皆、心から感謝《かんしゃ》いたしております。

池田　貴大学においても、張理事長の陣頭《じんとう》指揮《しき》のもと、罹災《りさい》した学生たちのために、教職員が全員、自《みずか》らの給料を割《さ》いて慰問《いもん》金《きん》に充《あ》てられたとうかがっています。まことに尊《とうと》い教育の模範《もはん》の姿《すがた》です。

台湾創価学会の災害対策本部では、とくに被害《ひがい》の大きい地域にある台中《たいちゅう》会館、雲《うん》林《りん》会館、新竹《しんちく》会館を救護《きゅうご》センターとして、状況《じょうきょう》を掌握《しょうあく》しました。

男子部・壮年《そうねん》部の有志《ゆうし》で結成した「バイク隊」が救援物資を届けたり、研修センターを小学校の臨時《りんじ》校舎に提供したりしました。さらに、ドクター部による無料診療《しんりょう》や、五千人以上が集《つど》った台湾創価学会主催《しゅさい》の震災復興《しんさいふっこう》演奏会など、被災者《ひさいしゃ》の救援・激励《げきれい》に全力を尽《つ》くしました。

張　当時、私は、大学として、地震《じしん》関連の学術《がくじゅつ》研究に全力で取り組むことを決定しました。今も大きな研究テーマとして取り組んでいます。

「花」と「蝶《ちょう》」の王国

池田　ところで台湾は、日本人が行きたい海外の旅行先の一つとして、大変に人気《にんき》があります。

台湾の人々の「温《あたた》かい心」はもちろんのこと、伝統《でんとう》文化や芸術、そして多彩《たさい》な食文化が、多くの観光客の人気の的《まと》となっています。

また山間部から、亜熱帯《あねったい》の平野部、そして澎湖《ほうこ》諸島など、変化に富んだ自然と生物の多様性《たようせい》も、その大きな魅力《みりょく》の一つです。

台湾は、「北半球の生態《せいたい》の縮図《しゅくず》」とも言われ、十五万種の生物が生息《せいそく》しています。実にその四分の一が、台湾に固有《こゆう》の貴重《きちょう》な種《しゅ》のようですね。また台湾は、「花天国」であ

アサギマダラ
©KAZUO UNNO/SEBUN PHOTO/amanaimages

るとともに、「蝶天国《ちょうてんごく》」としても有名です。

張　そうですね。台湾は、亜熱帯と熱帯の中間に位置します。しかも高山の海抜《かいばつ》は三千メートルを超《こ》えているため、「蜜源植物《みつげんしょくぶつ》」や蝶の幼虫が好んで食べる若草に恵《めぐ》まれています。それで台湾は、四百種を超す蝶が生息する「蝶の王国」となったのです。ちょうど、中国文化大学のある陽明山《ようめいざん》は、五月から六月にかけて、「青斑蝶《せいはんちょう》」（アサギマダラ）が集まる場所です。

雑誌『ナショナル・ジオグラフィック』の報道によると、羽の上に台湾のマーキングのある蝶が、かつて日本の京都で発見されたそうです。一羽の小さな蝶が、何と、はるか千七百キロメートルの海を渡《わた》ることができるとは、本当に信じがたいことです。

池田　そのとおりですね。小さな蝶《ちょう》に秘《ひ》められた生命の不可思議《ふかしぎ》な力を感じます。

近年、日本でも「青斑蝶《せいはんちょう》」は、「渡《わた》り」を行《おこな》う蝶として知られるようになりました。

（『アサギマダラ　海を渡る蝶の謎《なぞ》』佐藤英治著、山と渓谷社《けいこく》〈参照〉）

まだまだ多くの謎があるようですが、日本国内では、春から初夏にかけて、沖縄《おきなわ》や九州の島々から、海を越《こ》えて本州を北上し、秋には新しい世代が南を目指して飛ぶことがわかってきました。二千キロメートルを超《こ》える「渡り」が確認されたこともあると聞きました。台湾からも飛来することは、多くの人々にとって大変な驚《おどろ》きだったようです。

日本でも、研究者や愛好家《あいこうか》の間で、マーキングによる観察が盛《さか》んになり、その生態《せいたい》が、少しずつ明らかになってきました。

日本でマーキングされた青斑蝶が、貴大学のある陽明山《ようめいざん》で発見されたこともあるといいます。この青斑蝶が集《あつ》まる陽明山をはじめ、台湾の各地に、さまざまな蝶の生息《せいそく》地があるようですね。

張　ええ。台湾には、陽明山国家公園の「蝶々花廊《ちょうちょうかろう》」のほか、多様《たよう》な蝶の飛《と》び交《か》う生息地が広がっています。

とくに有名なのが、台湾南部で越冬《えっとう》し、春に北部に移動する「紫斑蝶《しはんちょう》」（ルリマダラ）の渡りで、ピーク時には、一日に約百万匹《びき》が飛来《ひらい》します。

池田 まさに「蝶の王国」ならではの壮観《そうかん》な光景ですね。二〇〇三年には、数万の蝶と数百のツバメが、中正国際空港《ちゅうせい》（現・台湾桃園国際空港）の上空に飛来し、数時間にわたって滑走路《かっそうろ》が閉鎖《へいさ》されたことも、記憶《きおく》に新しいところです。自然の驚異《きょうい》を、あらためて思い知らされました。

海を越えた人間の交流

池田 台湾の自然の魅力《みりょく》については、話題が尽《つ》きませんが、この台湾の天地に、いつごろ人類《じんるい》が登場し、活動を始めたのか。そうした太古《たいこ》の歴史とロマンについても、うかがっておきたいと思います。

台湾の先史文化の中で、現在、遺跡《いせき》から確認できる最も早い原始台湾人は「長濱文化人《ちょうひんぶんかじん》」と呼ばれています。旧石器時代[*27]の末期に出現《しゅつげん》し、五千年前に姿《すがた》を消したと言われていますね。彼らはすでに「火」を使うことを知っており、植物を採集したり、動物を捕獲《ほかく》したりしていたとされています。

張　一九七〇年に、台南《タイナン》の左鎮郷《さちんきょう》でヒトの頭骨《とうこつ》の化石が発見されました。測定の結果、それは三万年から一万年前の、北京《ペキン》の山頂洞人《さんちょうどうじん》と同一時期に当たるもので、学術界《がくじゅつかい》では両者の密接《みっせつ》な関係性が認《みと》められています。

台湾旧石器時代の長濱《ちょうひん》文化は、今から二、三万年前から五千年前にかけてのもので、台東《タイトン》県長濱郷八仙洞《きょうはっせんどう》遺跡《いせき》に代表されます。遺跡から採取された石の標本、骨角器《こっかくき》、獣骨《じゅうこつ》、魚骨《ぎょこつ》などは、中国・福建省《ふっけんしょう》の旧石器時代の遺跡から発掘《はっくつ》されたものと類似《るいじ》しています。

今から四千五百年前から二千八百年前の、新石器時代[27]の円山貝塚《えんざんかいづか》から出土した石器、陶器《とうき》の多くは、磨製《ませい》の鋤《すき》、スコップ、斧《おの》などです。しかも灰陶《かいとう》[55]で造られたお碗《わん》や壺《つぼ》などもあることから、福建省の長汀河《ちょうていが》や石山《せきざん》、江西省《こうせいしょう》の修水山背《しゅうすいさんぱい》遺跡によく似ており、その中には殷《いん》時代の銅器も含《ふく》まれています。

また、台湾・高雄《たかお》県の林園郷《りんえんきょう》鳳鼻頭《ほうびとう》文化は、約五千年前から二千年前のもので、福建省の曇石山《どんせきざん》文化の影響《えいきょう》を受けています。

当時、中国大陸では、すでに稲《いね》などの穀物《こくもつ》が生産《せいさん》されていましたので、稲作《いなさく》が浙江省《せっこうしょう》の河姆渡《かぼと》から転々として伝来したものと思われます。

池田　すると、かつて陸続きだった大地が地殻《ちかく》の変動により離《はな》ればなれになっても、人間の往来《おうらい》が続いていたことが推定《すいてい》されるわけですね。

張　ええ。そのように考えられます。

一つの学説ですが、一九九一年九月に、ピーター・ベルウッドという研究者が『サイエンティフィック・アメリカン』誌に掲載《けいさい》した文章によると、次のように考えられるようです。

――浙江省・河姆渡の稲作文化が中国南部に伝播《でんぱ》し、紀元前四〇〇〇年に台湾に遷移《せんい》し、紀元前三〇〇〇年に、台湾からフィリピン北部に拡散《かくさん》した。その後、紀元前二五〇〇年にジャワ、ティモールなどに到達《とうたつ》。紀元前一二〇〇年には、マリアナ諸島、スマトラ、ニューギニア、フィジー、トンガに。紀元前二〇〇年には、ミクロネシア、ポリネシア、中央アジアに。さらに、紀元三〇〇年から四〇〇年にかけて、イースター島に。そして、紀元七〇〇年から八〇〇年にかけて、マダガスカル、ニュージーランドへ伝わっていった――。

このように、稲作文化が七度にわたって大きく広がる時期があった。当然、人も文化とともに移動するので、台湾は、ポリネシア南島語族《なんとうごぞく》の故郷《こきょう》である、と。

多民族共生《たみんぞくきょうせい》の文化的伝統《でんとう》

池田　歴史言語学の知見《ちけん》にも、そうした学説を裏付けるものがありますね。

　太平洋の広範《こうはん》な地域に広がるオーストロネシア語族《ごぞく》（南島語族《なんとうごぞく》）[*56]は、およそ六百から千二百の言語で構成され、言語学的に、その最も古い祖型《そけい》を保《たも》っているのが、台湾先《せん》住民《じゅうみん》の諸言語であると言われています。

　つまり、オーストロネシア語族の諸言語は、台湾から南下し、やがて南太平洋地域に拡散《かくさん》していったのではないか、とする説が有力のようです。現在、多くの研究者によって、オーストロネシア語の最初の分岐《ぶんき》は、台湾先住民語とポリネシア語派の間に起こり、その源境《げんきょう》は台湾付近にあると考えられています。（『海を渡ったモンゴロイド』後藤明著、講談社〈参照〉）

　いずれにせよ、歴史言語学、考古学《こうこがく》、人類学《じんるいがく》の見地《けんち》からも、台湾の先住民文化の研究は、太平洋地域の人類の歴史を考察《こうさつ》するうえで、非常に興味深い分野《ぶんや》であると言えます。

　現在でも、多様《たよう》な先住民の伝統《でんとう》文化が脈打《みゃくう》っていますね。

張　ええ。台湾における先住民族の文化や暮《く》らしは、実に多彩《たさい》です。

台湾のアミ族の人々　©Pat Behnke/Alamy/PPS

一九九五年の戸籍《こせき》調査によると、先住民族は、人口としては、アミ族（十三万二千人）、タイヤル族（八万四千人）、パイワン族（六万四千人）、プヌン族（四万七千人）などが多く、あとは一万人以下の規模《きぼ》となりますが、全部で十二の民族が存在します。

先住民の合計人口は約四十五万人で、台湾の総人口に占《し》める割合は二パーセント未満です。しかし彼らは、台湾全域の四十五パーセントもの土地に分布《ぶんぷ》しており、その大半は、高度千メートル以上の山地に暮らしています。少数の民族は、平原や島嶼《とうしょ》にも暮らしています。

池田　「台湾」の地名の由来《ゆらい》には諸説《しょせつ》ありますが、その有力な説の一つが、大陸から渡来《とらい》した人々を、先住民《せんじゅうみん》が「タイオワン」と呼んだことにあるとするものです。「タイオワン」は、「外から来た者」「来訪者《らいほうしゃ》」を意味し、漢人《かんじん》たちがこの音に漢字を当てて「台湾」とするようになったといいます。

また別の説では、オランダ人が台湾に城を築《きず》いた際、城が高台にあり、周《まわ》りが湾《わん》であったことから、現地の人々が「台湾」と呼ぶようになったというものもあります。「台湾」という地名の背景からも、先住民とともに、多くの渡来者の存在がうかがえますね。

張　ええ。時代は下《くだ》りますが、清《しん》の末《まつ》には、多くの閩南人《びんなんじん》*57や客家人《ハッカじん》*58が台湾に移民《いみん》しました。

彼らの多くは単身《たんしん》であったため、先住民の女性と結婚《けっこん》しました。それゆえに、「有唐《うとう》山公《さんこう》、無唐山媽《むとうさんま》」（中国人の父親はいるが、中国人の母はいない）との言葉が生まれたのです。台湾の多民族融合《ゆうごう》・多民族共生《きょうせい》の文化を、端的《たんてき》に表していると言えます。

池田　その「美麗島《びれいとう》」も、ヨーロッパの大航海《だいこうかい》時代の到来《とうらい》とともに、オランダ、スペインによる支配《しはい》など、激しい歴史の試練《しれん》に晒《さら》されていくようになります。

次は、そうした歴史にも触《ふ》れながら、台湾の人々の文化や生活について、さらにうかがっていきたいと思います。

4 台湾の歴史と多彩《たさい》な人間文化

「国姓爺《こくせんや》」鄭成功《ていせいこう》の活躍《かつやく》

張　台湾の歴史を語り合うにあたって、ここではまず、十七世紀の前半に活躍《かつやく》した英雄《えいゆう》の物語から始めたいと思います。

明《みん》王朝の再興《さいこう》のために清《しん》と戦い、台湾をオランダの支配《しはい》から解放した、アジアの英雄・鄭成功《ていせいこう》です。中国大陸や台湾のみならず、今なお日本でも多くの人々から愛されている若き丈夫《ますらお》です。

池田　いいですね。スケールの大きな魅力《みりょく》溢《あふ》れる人物です。

彼が生きたのは、ポルトガル、スペイン、オランダなどが東アジアに進出し、貿易《ぼうえき》の権益《けんえき》や植民地《しょくみんち》支配を拡大した激動の時代でした。「麗《うるわ》しの島」台湾にも、そうした世界史の潮流《ちょうりゅう》が押《お》し寄《よ》せていきます。

日本では、ちょうど江戸幕府《えどばくふ》が開かれ、鎖国《さこく》政策が始まっていました。

張　そうですね。そのころ、中国大陸では、明王朝が崩壊《ほうかい》し、清が勃興《ぼっこう》していました。多くの人々が、相次《あいつ》ぐ戦乱や飢餓《きが》を逃《のが》れ、台湾に渡《わた》りました。ところが、オランダに支配された台湾での生活は苛酷《かこく》を極《きわ》め、人々は苦しめられた。そうした時代に登場したのが鄭成功です。

池田　鄭成功の活躍は、日本でも、多くの書物や小説に描《えが》かれ、近年は映画化もされました。父親は中国人、母親は日本人で、一六二四年に長崎の平戸《ひらど》で生まれました。七歳の時に明に渡り、やがて南京《ナンキン》の太学《たいがく》*59で学んでいます。

南京といえば、中国を代表する古都の一つとして有名ですが、創価大学は、その長い学問と文化の伝統《でんとう》を受《う》け継《つ》ぐ、南京大学や南京師範《しはん》大学、また南京芸術学院等とも交流を結《むす》んできました。

張　すばらしい交流の広がりですね。

ところで、鄭成功の父・鄭芝龍《ていしりゅう》は、中日貿易に従事《じゅうじ》した海商《かいしょう》で、十八歳の時に日本へ赴《おもむ》きました。そして、日本人の田川《たがわ》氏の娘《むすめ》・松《まつ》と結婚《けっこん》して、鄭成功が誕生《たんじょう》したのです。

鄭芝龍《ていしりゅう》は、明朝《みんちょう》から総督《そうとく》などを任《まか》されました。一方、息子《むすこ》の鄭成功《ていせいこう》は、よい師に学んだことが幸いし、詩文《しぶん》に優《すぐ》れ、書道にも長《た》けていました。

一六四四年、農民の反乱指導者である李自成《りじせい》*60が北京《ペキン》に攻《せ》め入《い》ると、明の皇帝《こうてい》・崇禎帝《すうていてい》*61は自害《じがい》します。

鄭成功は、父・芝龍の手配で、次に即位《そくい》した隆武帝《りゅうぶてい》*61に謁見《えっけん》しました。鄭成功の非凡《ひぼん》な気宇《きう》と問答の流暢《りゅうちょう》さを見込《みこ》んだ隆武帝が、明朝の国姓《こくせい》である「朱《しゅ》」を下賜《かし》するとともに宝剣《ほうけん》を与《あた》えたので、以来、国内外では彼のことを「国姓爺《こくせんや》」と呼ぶようになりました。

このことに感激した鄭成功は、死ぬまで忠義《ちゅうぎ》を尽《つ》くす誓《ちか》いを立てたといいます。

池田　日本では、鄭成功の生涯《しょうがい》に題材を得《え》た、近松門左衛門《ちかまつもんざえもん》*62の人形浄瑠璃《じょうるり》「国性爺合《こくせんやかっ》戦《せん》」が有名です。これは、一七一五年、大坂（大阪）の竹本座で初演されて、大変な人気を博《はく》し、十七カ月もの続演の記録を打ち立てました。

当初は、「国姓爺合戦」とされていましたが、物語は創作のため、「国性爺合戦」と改められました。のちに、歌舞伎《かぶき》でも演《えん》じられています。

江戸《えど》時代の民衆は、日本とゆかりの深い国際人である「国姓爺」——鄭成功の八面六《はちめんろっ》臂《ぴ》の活躍《かつやく》に、ある時は手に汗《あせ》をにぎり、ある時は深く心打たれながら、大喝采《だいかっさい》を送った

鄭成功像（中国文化大学蔵）　©Chinese Culture University

のです。
鄭成功《ていせいこう》は、父・鄭芝龍《ていしりゅう》とともに、打倒《だとう》・清《しん》王朝の戦い――「抗清復明《こうしんふくみん》」に立ち上がりますね。

後継者《こうけいしゃ》が未来の一切《いっさい》を決める

張　ええ。ところが、隆武帝《りゅうぶてい》軍の北伐《ほくばつ》が大失敗に終わり、隆武帝が殺されると、父の鄭芝龍は清に投降《とうこう》してしまいます。芝龍は息子《むすこ》の鄭成功にも投降するよう勧《すす》めますが、鄭成功は父に異《い》を唱《とな》えます。
「父は従来、忠《ちゅう》たらんことを子に教え、二心《にしん》を抱《いだ》くよう教えたことは未《いま》だかつてなかった」と。そして、父と子は違《ちが》う道を歩《あゆ》んでいくのです。

池田　鄭成功は、泣いて父を諫《いさ》めたが、ついに父の心を変えることはできなかった。そして結局、母は自害を遂《と》げ、父も捕《と》らえられて幽閉《ゆうへい》されてしまう。
　鄭成功は、孔子廟《こうしびょう》の前で、士大夫《したいふ》*63の象徴《しょうちょう》である服を焼き捨て、「武人として生き、君《くん》国《こく》と父母の仇《あだ》を討《う》つ」ことを誓《ちか》い、額《ぬか》づいて許《ゆる》しを請《こ》うた、と伝えられています。（『台湾』伊藤潔著、中公新書〈参照〉）

彼は深い悲劇《ひげき》の淵《ふち》から立ち上がり、偉大《いだい》な人生《じんせい》の闘争《とうそう》を誓い、そして果《は》たしていったのです。

張　ええ。明《みん》王朝を最後まで守り抜《ぬ》こうとした鄭成功は、ここから本領《ほんりょう》を発揮《はっき》し始めます。

国破れ、家族をも失《うしな》った鄭成功は、厦門《アモイ》と金門《きんもん》というわずかな地を占拠《せんきょ》していたに過ぎなかったにもかかわらず、兵を募《つの》り、その数を三百人から何と六万人にも増《ふ》やしたのです。その鉄甲部隊《てっこうぶたい》は、全員が三十キログラムもある鉄の鎧《よろい》を身にまとい、弓矢によく耐《た》えたといいます。

一六五八年、彼は、最終的に十七万とも言われる大軍を率《ひき》いて北伐し、南京《ナンキン》を攻《せ》め、明の太祖《たいそ》の陵墓《りょうぼ》を弔《とむら》いました。しかし、運悪く、援軍《えんぐん》が間に合わなかったため、南京からの撤退《てったい》を余儀《よぎ》なくされます。

一方、清も、翌年、厦門と金門に進攻《しんこう》しましたが、鄭成功の軍に敗れました。清軍は「討伐《とうばつ》しようにも勝てず、宣撫《せんぶ》[*64]しようにも果《は》たせず」で、どうすることもできませんでした。

池田　この逸話《いつわ》からも、鄭成功の烈々《れつれつ》たる気迫《きはく》と執念《しゅうねん》が伝わってきます。

実は、この北伐《ほくばつ》の戦いには、明《みん》の高名《こうめい》な儒学者《じゅがくしゃ》・朱舜水《しゅしゅんすい》*30が同行したとも言われていますね。北伐の失敗の後、朱舜水は、失意《しつい》のうちに長崎に渡《わた》ります。すでに語り合ったように、彼は、のちに水戸光圀《みとみつくに》の師として迎《むか》えられ、日本の思想と学問の発展に絶大《ぜつだい》なる影響《えいきょう》を与《あた》えました。

ともあれ鄭成功《ていせいこう》は、厦門《アモイ》と金門《きんもん》で、清《しん》の攻撃《こうげき》を撃退《げきたい》した後、台湾に向かいますね。

張　ええ。一六六一年、鄭成功は勢力を立て直すために台湾へ向かうことを決めます。そして、二万五千人の兵を率《ひき》い、二百隻《せき》の船で、オランダが支配していた台湾を攻《せ》めたのです。鄭成功の部隊は、上陸するや否《いな》や、オランダ軍をさんざんに打ちのめし、二十四日にして「熱蘭遮城《ねつらんしゃじょう》」（現在の台南《タイナン》の安平《あんぺい》の砦《とりで》）を除《のぞ》く全島を支配しました。

翌一六六二年二月一日、オランダ人は降伏《こうふく》条約に調印《ちょういん》し、約四十年にわたった台湾統治《とうち》に終止符《しゅうしふ》が打たれました。ところが、鄭成功は不幸にも、その年に世を去ってしまいます。数えで三十九歳でした。今もなお、国内外の人士たちは、鄭成功は「勇敢《ゆうかん》」と「忠義《ちゅうぎ》」の模範《もはん》であると認《みと》めています。

その後、鄭氏の政権《せいけん》は、息子《むすこ》の鄭経《ていけい》に引《ひ》き継《つ》がれましたが、長くは続きませんでした。そして、一六八三年、大国となった清の前に降伏します。わずか二十年余りの政権でした。

その後、台湾は、清朝の支配を受け、清仏《しんふつ》戦争[*65]を機に、清の一つの「省《しょう》」となりました。

池田　鄭氏政権の崩壊《ほうかい》には、相次《あいつ》ぐ内紛《ないふん》や裏切り、また清朝の覇権《はけん》の拡大など、さまざまな要因が挙《あ》げられるようです。さらに、若くして亡《な》くなったこともあり、鄭成功が優《すぐ》れた後継者《こうけいしゃ》に恵《めぐ》まれなかったことが大きかったようですね。

どのような団体や組織であれ、後継者なくして永続《えいぞく》することはできない。ゆえに私は、次代を担《にな》う青年たちの育成《いくせい》に、全力で取り組んできました。

また世界の指導者《しどうしゃ》と語り合う際《さい》も、常《つね》にその一点に注視《ちゅうし》してきました。南アフリカのマンデラ大統領《だいとうりょう》[*66]とも、キューバのカストロ議長[*67]とも、この焦点《しょうてん》を語り合いました。

一九九〇年、マンデラ氏は、二十七年半もの獄中闘争《ごくちゅうとうそう》を勝ち越え、初めて来日された折《おり》、わざわざ私に会いに来てくださいました。

その時、私は、単刀直入《たんとうちょくにゅう》に、「次の後継者はおられますか?」と尋《たず》ねました。すると、マンデラ氏は、にっこりと笑《え》みを浮《う》かべて頷《うなず》かれた。再び、大統領となって来日された折にも、このことを語り合いました。その後、後継者のムベキ大統領[*68]とお会いし、マンデラ大統領《だいとうりょう》が明快《めいかい》に手を打っておられたことを、あらためて知ったのです。

植民地統治《しょくみんちとうち》に反旗《はんき》を翻《ひるがえ》した人々

池田　ところで、鄭氏政権《ていしせいけん》の後、台湾は、清《しん》の時代となりました。その後、一八九五年、日清戦争《にっしん》で清が敗れると、日本は清から台湾を〝割譲《かつじょう》〟させ、「総督府《そうとくふ》」を設置《せっち》して、植民地支配《しょくみんちしはい》を始めます。

軍国《ぐんこく》日本が、台湾をはじめ、アジアの民衆に、どれほど甚大《じんだい》な災禍《さいか》をもたらしたか。日本の統治《とうち》時代、台湾でも「皇民化《こうみんか》教育」*69が進められました。これまで使っていた言語が禁止され、日本語が強要された。これは人々の生活に過重《かじゅう》な負担《ふたん》を強《し》いるだけでなく、その人権《じんけん》や誇《ほこ》りさえ奪《うば》うものでした。

張　日本占領《せんりょう》時代の基本的な教育政策の一つが、日本語の普及《ふきゅう》でした。しかし、実際には台湾の子弟《してい》たちが学校に入学して日本の子弟たちとともに学ぶには、成績が優秀《ゆうしゅう》で、しかも州庁《しゅうちょう》の批准《ひじゅん》を経《へ》なければなりませんでした。

台湾人が中学校以上に進学することは難《むずか》しかったため、裕福《ゆうふく》な台湾人は、子女《しじょ》を日本や厦門《アモイ》、上海《シャンハイ》、北京《ペキン》などの地に留学させました。

一九二八年（昭和三年）、台湾にも台北帝国《タイペイていこく》大学が建てられましたが、台湾人の文政学部[70]への入学はとても難しく、したがって医学部、理学部、工学部、および農学部に学ぶよりほかありませんでした。

池田 台湾の人々は、いわれなき差別《さべつ》を受け、数々の非道《ひどう》な仕打ちを受けました。これに対し、多くの勇気ある人々が立ち上がり、抗日《こうにち》運動が展開されていきますね。

張 ええ。抗日運動の闘士《とうし》には、たとえば、苗栗《びょうりつ》の客家《ハッカ》人だった羅福星《らふくせい》[71]がいます。羅福星は、孫文《そんぶん》先生の感化《かんか》を受けた一人でした。

彼は、一九一二年の十月に台湾に戻り、抗日の志士《しし》たちに中国同盟会《どうめいかい》への参加を呼びかけ、同志を五万人に増《ふ》やし、四回にわたって抗日の民族《みんぞく》革命を起こしました。その結果、日本の総督府は羅福星を逮捕《たいほ》し、一九一四年三月、彼の二十名の同志とともに絞首《こうしゅ》刑《けい》に処《しょ》しました。

また、医師であった蔣渭水《しょういすい》[72]は、一九二一年に同盟会に加わり、日本の植民地統治に異《い》を唱《とな》え、十数回にわたり日本の警察によって逮捕・投獄《とうごく》されました。最期《さいご》は、何者かに食事に毒《どく》を盛《も》られて死に至《いた》ったようです。享年《きょうねん》わずか四十歳でした。

先住民《せんじゅうみん》もまた、自分たちへの抑圧《よくあつ》と侮辱《ぶじょく》に対し、抗日蜂起《ほうき》しています。その最大のものが、一九三〇年十月の「霧社事件《むしゃじけん》[73]」でした。先住民《せんじゅうみん》のタイヤル族の部隊が、台中の霧社公学校《こうがっこう》で運動会に参加していた百人余りの日本人を殺害したのです。

池田　当時の日本社会に、大きな衝撃《しょうげき》を与《あた》えた事件です。先住民の人々が、日本の統《とう》治《ち》によって、どれほど人間としての尊厳《そんげん》を傷つけられ、追いつめられていたか。事件の背景には、さまざまな要因《よういん》が指摘《してき》されていますが、抑圧《よくあつ》された人々の憤怒《ふんぬ》と絶望《ぜつぼう》が爆発《ばくはつ》した悲劇《ひげき》であったことは間違《まちが》いありません。その後に大規模《だいきぼ》な報復行為《ほうふくこうい》もあり、さらに凄惨《せいさん》な結果となったことは、あまりにも痛ましい歴史です。

張　日本人の統治下において、台湾における抗日《こうにち》事件は百件を下《くだ》りません。詩人・丘《きゅう》逢甲《ほうこう》[74]は、「古来《こらい》、義士《ぎし》の島人《とうじん》多かりし」と詠《よ》みました。

一九四五年、日本の降伏《こうふく》によって、台湾は中国に返還《へんかん》されました。当時、台湾の人民はうれしさに奮い立ち、万人が基隆《きりゅう》の埠頭《ふとう》に駆《か》けつけ、中国からやってきた官員《かんいん》たちを歓迎《かんげい》したといいます。

池田　日本の軍国《ぐんこく》主義、そして権力《けんりょく》の残酷《ざんこく》さは、私たち創価学会の歴史にも、深く刻《きざ》まれています。

ご存じのように、初代の牧口常三郎会長は、日本の軍国主義と、命を賭《と》して対決しました。特高警察《とっこうけいさつ》が監視《かんし》する集《つど》いでも、堂々と正義を叫《さけ》び、民衆の幸福のために戦いました。そして、治安維持《いじ》法違反《いはん》と不敬罪《ふけいざい》の容疑《ようぎ》で検挙《けんきょ》され、五百日の獄中闘争《ごくちゅうとうそう》の末に、牢獄《ろうごく》で亡《な》くなったのです。

第二代の戸田城聖会長もまた、牧口会長とともに、二年間、牢に囚《とら》われました。私もまた、民衆を見下し人間の尊厳を軽視する傲慢《ごうまん》な権力とは、断固《だんこ》、戦ってきました。そして、人間の心に巣食《すく》う「悪」の変革《へんかく》のために、挑戦《ちょうせん》を続けてきました。人間を不幸に陥《おとしい》れる「悪」との間断《かんだん》なき闘争なくして、平和な社会を創造《そうぞう》することはできないからです。

過去の愚《おろ》かな過《あやま》ちを二度と繰《く》り返《かえ》さないために、どうすればよいか——私たちは歴史に謙虚《けんきょ》に向き合いながら、平和な未来を建設しゆくために、真摯《しんし》に行動を続けていかねばならないと思っております。

文化の「土台」は悠久《ゆうきゅう》の中国大陸に

池田　さて今度は、現代の台湾社会の横顔について、少々、うかがいたいと思います。

まず「言語」ですが、台湾には標準語の〝北京語《ペキンご》〟と、伝統《でんとう》的な〝台湾語（閩南語《びんなん》）〟

のほかに、各地の先住民《せんじゅうみん》の言葉などもあり、実に多彩《たさい》のようですね。

張　ええ。ただ、先住民、閩南《びんなん》人、客家《ハッカ》人、および外省人《がいしょうじん》（戦後、中国大陸から台湾に移住してきた人）は、時代の違《ちが》いはあるものの、いずれも中国大陸からやってきた人々です。先住民は、台湾の全人口の二パーセント未満に過ぎませんが、彼らは先史《せんし》時代に台湾にやってきて、各地に分散《ぶんさん》したので、今でも言語に多少の違《ちが》いがあります。

二〇〇四年三月の『ネイチャー』誌の記事によりますと、全世界には七千種類の言語が存在し、中国は世界の二十パーセントの人口を擁《よう》するにもかかわらず、全言語の一・三パーセントの九十種の言語しかありません。

土地の面積が中国の八パーセントでしかないニューギニアには、八百十種類もの言語が存在しますが、その主《おも》な原因は、交通の隔絶《かくぜつ》によるものだそうです。

台湾の「閩南語」は、福建省《ふっけんしょう》南部の言語とほとんど区別がなく、声母《せいぼ》（伝統《でんとう》的な中国音韻《おんいん》学でいう漢字の音節の初めの子音《しいん》）はともに十五で、声調《せいちょう》[*75]は八つです。

池田　その多くが大陸に由来《ゆらい》することから、言語的な共通点《きょうつうてん》も、非常に多いということですね。

張　そうです。閩南語の発展と形成は、古代中原《ちゅうげん》の漢人《かんじん》が数度にわたって南遷《なんせん》した結果であるため、多くの古語《こご》の音や古い語彙《ごい》が保《たも》たれています。それはまさに、歴史家の連横《れんおう》が述べた「台湾の言葉は、古音古義《こおんこぎ》を有《ゆう》するのみならず、中土《ちゅうど》（中原の地）の正音《せいおん》をも有するものである」との言葉どおりです。

客家語もまた、古代の中原の人々が、徐々《じょじょ》に南に移動し、広東《カントン》や福建などの地に居住《きょじゅう》することによって発展した語系で、客家人は常《つね》に自《みずか》らの文化こそが正統の中原文化であると自負《じふ》しています。

池田　なるほど。では、学校教育では、標準語と台湾語のどちらが用《もち》いられているのでしょうか。両者は、言葉としても、ずいぶん違いがあるようですが。

張　閩南人と客家人と外省人とを問わず、いずれも「百家《ひゃっか》の姓《せい》」に属する漢民族の末裔《まつえい》であり、学校の中では皆《みな》が標準語を話しています。

台湾文化の精髄《せいずい》と民間の風俗習慣《ふうぞくしゅうかん》はいずれも、儒教《じゅきょう》の倫理学《りんりがく》的な概念《がいねん》である「中庸《ちゅうよう》」の伝統を受《う》け継《つ》ぐものなのです。

台湾の発展と現代の生活文化

池田　よくわかりました。

台湾は、伝統《でんとう》的な中国文化のうえに、多様性《たようせい》に富む魅力溢《みりょくあふ》れる社会を発展させてきました。そして、この半世紀で、「現代の奇跡《きせき》」とも呼ばれる、目覚《めざ》ましい経済成長を勝ち取ってこられた。台湾の不死鳥《ふしちょう》の如《ごと》き飛翔《ひしょう》は、世界の多くの国々に、限りない希《き》望《ぼう》を与《あた》えてきました。

台湾の「奇跡《きせき》」の要因《よういん》については、地理的、地政学《ちせいがく》的な条件をはじめ、さまざまな分《ぶん》析《せき》がなされていますが、私はやはり、その根本《こんぽん》は、艱難辛苦《かんなんしんく》の歴史を、たくましいバイタリティーで乗《の》り越《こ》えてこられた、勤勉《きんべん》で粘《ねば》り強《づよ》い、民衆の〝底力《そこぢから》〟にあるのではないかと見ております。

その民衆の先頭に立ち、優《すぐ》れた人材の育成《いくせい》のために戦われたのが、まさしく張理事長の父上・張其昀《ちょうきいん》先生でしたね。

張　ありがとうございます。

海洋に広く開かれ、東アジアの要衝《ようしょう》に位置する台湾は、地理的にも恵《めぐ》まれてきました。

また従来、「一年の収穫《しゅうかく》で三年暮《く》らせる」と言われるほど土地が肥沃《ひよく》で、農業が盛《さか》んでした。長年にわたり、米やサトウキビ、茶や樟脳《しょうのう》をはじめ、豊かな農産物が、台湾

茶摘み風景（台湾・花蓮）　©Sylvain Grandadam/Archives21/PPS

経済の基礎《きそ》を支《ささ》えてきました。

そして、先住民や中国の伝統文化、日本や欧米《おうべい》社会の文化を取り入れ、その多様性からダイナミズムを引き出してきたことも、大きな要因の一つであると思います。

池田　台湾は「IT《アイティー》（情報技術）」の分野《ぶんや》でも、世界的に有名になりました。コンピューターやテレビ、半導体《はんどうたい》など、IT関連製品の生産額《せいさんがく》は、アメリカ、日本、中国大陸に次ぐ四位（二〇〇二年）となりましたね。

張　ええ。ただ、『ニューズウィーク』誌が二〇〇六年七月に取り上げた世界の「ベスト一〇〇」のIT会社ランキングによりますと、そのうちの四十五社を占《し》めるアメリカが、はるか先を行っています。

資産《しさん》が最も多いトップテンの会社では、アメリカが七社を占《し》め、日本、スペイン、フィンランドがそれぞれ一社ずつです。トップ一〇〇では、台湾が十三社を占め、日本は六社ですが、日本の六社の総資産額は千五百八十五億ドルで、台湾の千百二億ドルを上回っています。

池田 こうしたハイテク産業の分野《ぶんや》をはじめ、台湾と大陸の経済交流は、ますます活発になっていますね。

さらに台湾といえば、ウーロン茶、太極拳《たいきょくけん》、足裏マッサージなど、健康によい伝統《でんとう》文化や生活習慣《しゅうかん》が、日本の人々の高い関心を惹《ひ》いています。

スポーツでは、とくに野球が活発で、大リーグや日本のプロ野球で活躍《かつやく》する選手も多く輩出《はいしゅつ》していますね。

張 ええ。ただ、私個人としては、台湾人が、ほかの国の人々よりも、とくに健康を重視しているとは思えませんが（笑）。

平均寿命《じゅみょう》について言うならば、日本人の男女を合わせた平均寿命は、世界一の八十二・五歳で、台湾は七十六歳、世界の平均は六十七歳です。

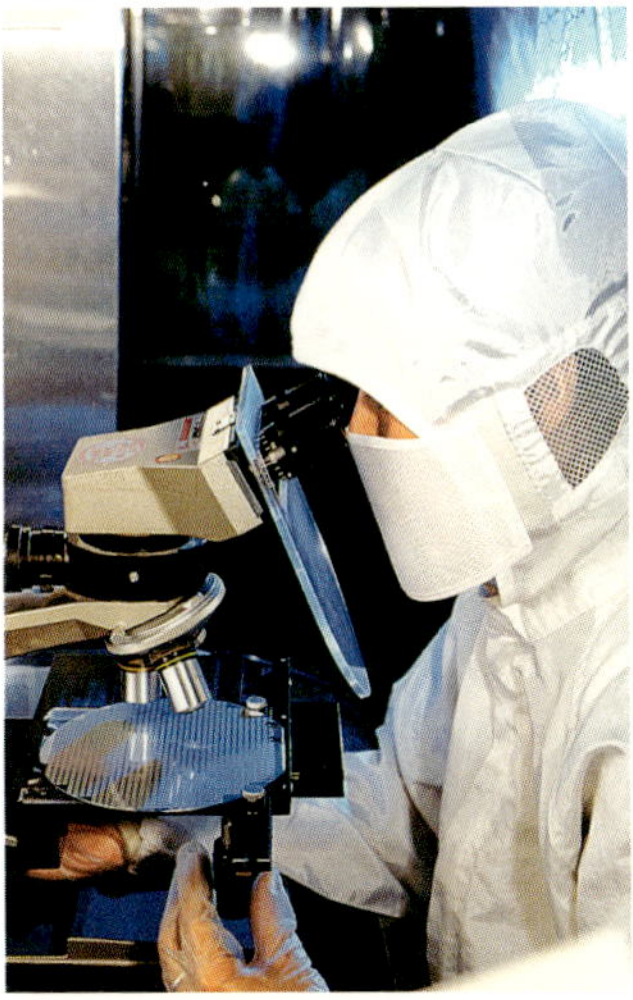

半導体チップの製造・検査（台北市）
©Pat Behnke/Alamy/PPS

台湾人は、おっしゃるとおり野球が好きで、とくに大リーグの二〇〇六年のシーズンでニューヨーク・ヤンキースの王建民《おうけんみん》投手が、最多勝の十九勝をあげたことは、台湾にとっての誇《ほこ》りです。また、かつて日本の読売ジャイアンツに所属していた呂明賜《ろめいし》選手（一九八八年～九一年在籍《ざいせき》）は、わが中国文化大学のOBです。

しかし、その他の球技や陸上競技、水泳などでは、台湾のスポーツ選手はまだまだですね。

池田　台湾にゆかりの野球選手といえば、なんと言っても、日本の国民的英雄《えいゆう》である王貞治《おうさだはる》元監督《かんとく》でしょうか。王監督は、かつて私たちの『聖教新聞』の「新春てい談」

にも登場してくださったことがあります。

張　実は、一九九五年、中国文化大学は、王監督《かんとく》に名誉《めいよ》博士号を授与《じゅよ》させていただいております。王監督も、池田先生と同じく、私どもの大学の一員なのです。

健康を支《ささ》える「医食同源《いしょくどうげん》」の伝統《でんとう》

池田　そうでしたか。大変に名誉なことです。

ともあれ、大リーグや日本球界での多くの台湾選手の活躍《かつやく》を、私たちも心からうれしく思っております。また、他のスポーツでも、貴大学から、多くの名選手が生まれていくに違《ちが》いありません。

ところで近年、日本では「健康」への関心の高まりとともに、「食」の大切《たいせつ》さがあらためて見直《みなお》されています。二〇〇五年には、健全《けんぜん》な心身《しんしん》を培《つちか》い、豊かな人間性を育《はぐく》むことを目的《もくてき》とする「食育《しょくいく》基本法」が制定《せいてい》されるなど、「食」を教育や文化とともに、総《そう》合的《ごうてき》にとらえるようになってきました。

私どもが信奉《しんぽう》する日蓮仏法でも、「食には三の徳あり、一には命をつぎ・二にはいろ《色》をまし・三には力をそう《添》」（『御書』一五九八ページ）と説かれています。「食」について考えることは、人間の生命そのものについて考察《こうさつ》することにも通じます。

中国では、いわゆる「医食同源《いしょくどうげん》」――薬食《やくしょく》同源思想の伝統《でんとう》に見られるように、健康を維持《いじ》するうえで、「食」の重要性《じゅうようせい》が強調されてきました。その歴史は、非常に古いものですね。

張　おっしゃるとおり、「医食同源」は中国伝統の文化です。隋唐《ずいとう》時代にはすでに、孫思《そんし》邈《ばく》[*76]が自著《じちょ》『千金方《せんきんぽう》』の中で食事療法《りょうほう》に言及《げんきゅう》し、その弟子の孟詵《もうせん》が書いた『食療本《しょくりょうほん》草《ぞう》』には、食事療法に効果の優《すぐ》れた果実《かじつ》や野菜や山菜《さんさい》などの食物の記述《きじゅつ》がなされています。

食事療法や食物による栄養補給は、順を追って一歩一歩それを進めることで、体質を改善し、免疫《めんえき》力を強め、病気を取り除き、寿命《じゅみょう》を延《の》ばす効果が得《え》られるのです。

明《みん》の時代になると、李時珍《りじちん》[*77]が一五七八年に『本草綱目《こうもく》』五十二巻を著《あらわ》しました。これには薬種《やくしゅ》千八百九十二種が収められています。これらは現代医学によってその大半が正しいものであることが証明されており、今日においても価値《かち》を有《ゆう》するものであるとされ、日本語、フランス語、ロシア語などに翻訳《ほんやく》されています。

また、英国の生物学者ダーウィン[*78]は、進化論を唱《とな》えるに当たって『本草綱目』から植物や動物に関する数多くの資料を引用し、論拠《ろんきょ》としています。

池田　李時珍《りじちん》は、中国医学が世界に誇《ほこ》る薬学者《やくがくしゃ》の一人としても有名ですね。日本でも、江戸《えど》時代の一八〇三年、本草《ほんぞう》学者の小野蘭山《おのらんざん》*79らによって『本草綱目啓蒙《こうもくけいもう》』として刊行《かんこう》され、本草学（博物学）が本格的に研究されるきっかけとなりました。その意味で、この書物が日本の博物学の発展に与《あた》えた影響《えいきょう》は、非常に大きいと言えます。

さて、台湾の人々の生活には、中国の伝統《でんとう》文化と歴史が深く根付《ねづ》いてきました。これは、現代における社会発展の中でも受《う》け継《つ》がれていますね。

民衆の心をとらえた観世音菩薩《かんぜおんぼさつ》

張　ええ。一九四五年以前に台湾にやってきた漢人《かんじん》を「台湾人（本省人《ほんしょうじん》）」と呼び、同年以後にやってきた人々を「中国人（外省人《がいしょうじん》）」と呼ぶ人がいますが、文化的な風俗《ふうぞく》・習慣《しゅうかん》について言うならば、我々は「脱《だつ》中国化」へと向かう趨勢《すうせい》を見いだすことはできません。

たとえば「観世音菩薩《かんぜおんぼさつ》」は、民間で最も多く祭《まつ》られている菩薩です。台湾全土でこれが祭られている「龍山寺《りゅうざんじ》」は、のべ四百四十一寺にものぼりますが、それらはいずれも、福建省晋江安海《ふっけんしょうしんこうあんかい》の龍山寺を本山とするものです。

池田　なるほど。中国伝来《でんらい》の文化の一つの象徴《しょうちょう》と言えますね。

ところで、『法華経《ほけきょう》』に説かれる多くの菩薩の中で、ひときわ民衆の心をとらえ、民衆の中に入っていったのが「観世音菩薩」です。

鳩摩羅什《くまらじゅう》*80訳の『法華経』によれば、観世音菩薩は、「世音を観《み》る」と書くように、民衆の切《せつ》なる「声」に耳を傾《かたむ》け、その願いを叶《かな》える働きをもつと記《しる》されています。

また、『法華経』の「観音品《かんのんぽん》」には、「是《こ》の菩薩は能《よ》く無畏《むい》を以《もっ》て、衆生に施《ほどこ》したまう」（『妙法蓮華経並開結』〈創価学会版〉六二五ページ）と説かれています。

このゆえに「施無畏者《せむいしゃ》」とも呼ばれる観世音菩薩は、「抜苦与楽《ばっくよらく》」の慈悲《じひ》の実践《じっせん》によって、民衆に恐《おそ》れることなき勇気を与《あた》えるのです。

さらに「観音品」には、「慈眼《じげん》もて衆生を視《み》る」（同前、六三八ページ）ともありますが、民衆の苦悩《くのう》に寄《よ》り添《そ》い、人々に救《すく》いの手を差《さ》し伸《の》べようとした菩薩の姿《すがた》が、多くの人々の心をとらえていったようですね。

観世音菩薩は「三十三」の身を自在《じざい》に現じて、たとえば「梵王《ぼんのう》」「帝釈《たいしゃく》」にもなれば「小王《しょうおう》」にもなると説かれています。これは、観世音の慈悲をもった指導者《しどうしゃ》が、民衆のさまざまな声を観《かん》じて、出現《しゅつげん》するということです。

さらにまた、長者《ちょうじゃ》や在家《ざいけ》の男女の姿《すがた》になって現《あらわ》れるとも説かれております。これは現実《げんじつ》の人間群《にんげんぐん》の中に、人々の声に耳を傾《かたむ》け、苦悩《くのう》を引き受け、ともに戦う勇者《ゆうしゃ》――観世音《かんぜおん》が出現するという意義《いぎ》です。

観世音の「世」とは、現代的に言えば「社会」のことです。ですから、あくまでも現《げん》実《じつ》の社会から遊離《ゆうり》せず、あらゆる姿をとりながら、正しい法によって社会をよりよく変え、人々を幸福にするために、行動を続けるのです。

この〝社会の繁栄《はんえい》〟と〝個人の幸福〟を一致《いっち》させていくところに、法華経《ほけきょう》で説かれる観世音の実践《じっせん》があると言えます。

アジア共通の文化を学ぶ意義

張　おっしゃる意味は、よくわかります。また、航海や漁業の守り神とされる「媽祖《まそ》」*81は、もとは北宋《ほくそう》の生まれの実在の人物とされ、言い伝えによると、彼女には人間の禍福《かふく》を予知《よち》する能力があり、遭難《そうなん》した船を救助することもできたそうです。
台湾には五百余りの「媽祖廟《まそびょう》」があり、常《つね》にお参《まい》りが盛《さか》んです。また、毎年、旧暦《きゅうれき》

台湾伝統の正月の獅子舞（台北市）　©Henry Westheim/Alamy/PPS

三月二十三日の媽祖生誕《せいたん》の日には、台湾各地の巡礼団《じゅんれいだん》が、福建州《ふっけんしゅう》の媽祖廟に詣《もう》でます。

その他、台湾の風俗《ふうぞく》や歳事《さいじ》は、いずれも中国大陸に由来《ゆらい》するもので、今なお続けられているものとしては、

①旧暦の正月（全国的に一週間ほどの休暇《きゅうか》）

②正月十五日の元宵節《げんしょうせつ》、燈篭会《とうろうかい》、獅子舞《ししまい》、龍灯踊《りゅうとうおど》り

③清明節《せいめいせつ》の先祖の墓参り

④端午《たんご》の節句《せっく》に粽《ちまき》を食べる

⑤旧暦七月十五日の中元節《ちゅうげんせつ》

⑥旧暦八月十五日の中秋節《ちゅうしゅうせつ》（月餅《げっぺい》を味わう）

⑦冬至《とうじ》の湯円《とうえん》（糯米《もちごめ》の粉で作った団子を食べ

る）

――などが含《ふく》まれます。

これらの台湾の風俗《ふうぞく》や節句《せっく》は、いずれも「中原《ちゅうげん》の道統《どうとう》（儒教《じゅきょう》伝道の系統）」を受《う》け継《つ》いだものであり、これをもって「現地化《げんちか》（台湾化）」の形跡《けいせき》とすることはありません。

池田　日本でもなじみの深い歳事《さいじ》が多くありますね。それぞれは、内容にも違《ちが》いがあり、地域によっては変化も遂《と》げていますが、そうした伝統《でんとう》や習慣《しゅうかん》を学ぶことは、アジアの市民としての共通の文化を考えるうえでも大変に意義《いぎ》深いと思います。

張　一九五〇年代から六〇年代初頭において、ほとんどすべての軍政《ぐんせい》の首長《しゅちょう》は、いずれも外省人《がいしょうじん》でした。

その理由の一つは、日本の「皇民化《こうみんか》」の教育制度のもとで、台湾人で大学に進学できた人数に限りがあり、しかも前述《ぜんじゅつ》のとおり、文学や法律を学ぶことが、ほとんどできなかっただけでなく、軍事《ぐんじ》学校もなかったため、人材が極《きわ》めて限られていたことが挙《あ》げられます。

そして、十数年にわたる育成《いくせい》の末に、蔣経国《しょうけいこく》[*82]がようやく、本省人《ほんしょうじん》のエリートを大量に重用《ちょうよう》するようになりました。それには、李登輝《りとうき》、林洋港《りんようこう》、連戦《れんせん》、施啓揚《せけいよう》、邱創煥《きゅうそうかん》、許《きょ》水徳《すいとく》といった人たちが含まれています。

『中国統計年鑑《ねんかん》』によりますと、中国の十三億余りの人口中、漢民族は九十三・七パーセントを占《し》めています。漢民族を除《のぞ》くと、五十五の少数民族が存在していますが、その中で人口が最も少ないのが台湾の高山族《こうざん》（台湾先住民の総称《そうしょう》）です。台湾の閩南人《びんなんじん》や客家人《ハッカじん》はいずれも漢民族なのです。

したがって、民族的にはほとんど漢民族が占める台湾人を、「台湾人（本省人）」と「中国人（外省人）」といった二つの「文化コロニー」に分かつというのは、実に不幸なことであり、私は台湾における省籍《しょうせき》の対立問題が次第《しだい》に薄《うす》れゆくことを、切《せつ》に願《ねが》っているのです。

第2章

精神の遺産と地球環境

1　アジアを結《むす》ぶ人間哲学《てつがく》の交流

王陽明《おうようめい》の広範《こうはん》な思想的影響《えいきょう》

張　日本と私たちを結ぶ、ゆかりの深い人物に、「明《みん》」の時代に活躍《かつやく》した、高名《こうめい》な儒学《じゅがく》者《しゃ》の王陽明《おうようめい》*29がいます。

すでに触《ふ》れましたが、王陽明は、私の故郷《こきょう》である中国・浙江省《せっこうしょう》の寧波《ニンポー》の近く「余《よ》姚《ちょう》」の出身です。私の父も、彼の思想から大きな影響《えいきょう》を受けました。

中国文化大学のある場所は、もともと「草山《そうざん》」と呼ばれていました。それが王陽明に対する深い崇敬《すうけい》の念を込《こ》めて、のちに「陽明山《ようめいざん》」と改名されたのです。

池田　よく存じ上げております。

創価教育の父・牧口常三郎先生も、その「知行合一《ちこうごういつ》」*83の思想に深い共感を示しておりました。

王陽明像（中国文化大学蔵）　©Chinese Culture University

王陽明《おうようめい》といえば、牧口先生が日本の軍国《ぐんこく》主義と戦い投獄《とうごく》されていた同時代、ナチスと戦ったドイツの哲学者《てつがくしゃ》ヤスパース[*84]が、日本の哲学者に、王陽明の思想への共鳴《きょうめい》を語ったことも有名です。

――自分はナチスの弾圧《だんあつ》下《か》で沈黙《ちんもく》を強《し》いられた時、聖書《せいしょ》と東洋の哲学を読んで、人間性のつながりを、そこに求めた。王陽明には打たれた――と。(『野田又夫著作集』V、白水社〈参照〉)

張　ご存じのように、王陽明は日本の思想界にも大きな影響《えいきょう》を与《あた》えました。たとえば、近代の日本では、江戸《えど》後期に難民救済《なんみんきゅうさい》などに尽《つ》くした大塩平八郎《へいはちろう》[*85]、幕末の思想家・吉田松陰《よしだしょういん》[*86]、そして維新《いしん》の志士《しし》である高杉晋作《たかすぎしんさく》[*87]などがいます。

池田　たしかに、中国と日本における思想や文化の緊密《きんみつ》な関係性を考えるうえでも、王陽明はカギとなる人物の一人です。

その王陽明が、どのような人であったのか――その少年時代や、彼が受けた家庭教育にも光を当てながら、話を進めていきたいと思います。

張　大切《たいせつ》な視点《してん》です。人物を知るためには、その家庭を知ることが大事です。

池田　さて王陽明は、一四七二年、明《みん》の時代の中期に生まれています。名は守仁《しゅじん》で、字《あざな》は伯安《はくあん》といいました。

この王家の家系をさかのぼると、「第一の書聖《しょせい》」と仰《あお》がれる書家の王羲之《おうぎし》*88もおります。


張　そうですね。陽明が十歳のころ、父の王華《おうか》が科挙《かきょ》*22の進士《しんし》に合格し、晴れて北京《ペキン》の官界に入りました。そこで、陽明も故郷《こきょう》を離《はな》れ、北京に旅立つことになりました。

しかし、陽明少年は、幼いころから、自由奔放《ほんぽう》な性格で、わんぱくだったようです。

上京の翌年から、塾《じゅく》の先生について勉強を始めますが、型破《かたやぶ》りな言動《げんどう》で、いつも先生に叱《しか》られていたらしいのです（笑）。


池田　どうも、そのようですね（笑）。

子どもの教育について、後年《こうねん》、陽明はこう語っております。

「おおよそ、児童《じどう》というものは、遊戯《ゆうぎ》を楽しみ拘束《こうそく》をきらい、いわば草木の新芽《しんめ》が萌《も》えでるときのようなもので、自由にのびやかにしてやれば、すくすくと四方にのびるが、くじいたり押しまげたりすれば、なえ衰《おとろ》えてしまう」（『伝習録』王陽明著、溝口雄三訳、中央公論新社）

伸びゆく生命の特質を突《つ》いています。

さらに王陽明は、「いま、児童を教える場合、必ず、その志向《しこう》するところを鼓舞《こぶ》してやり、心に愉悦《ゆえつ》をもたらしてやれば、彼らは放《ほう》っておいてもみずからの力で伸びていく。これは譬《たと》えれば、慈雨《じう》や春風《しゅんぷう》が草木をうるおすようなもので、草木はそれによって例外なく萌芽《ほうが》発育をはじめ、自然のうちに日に月に生育をとげるのである。反対に、氷霜《ひょうそう》にいためつけられたりしたら、生意《せいい》はしぼみおとろえ、日に日に枯《か》れてしまうであろう」（同前）と。

たしかに、子どもを親の望《のぞ》む型に一方的にはめようとしても、うまくいかないものです。かといって、無関心《むかんしん》であったり、放任《ほうにん》であったりするのもいけない。慈雨の如《ごと》く、春風の如く、子どもを大きく見守りながら、啓発《けいはつ》し、その可能性を育《はぐく》んでいくことを、王陽明《おうようめい》は促《うなが》しておりました。

そのためにも、子どもとともに親も成長していこうという心が大切《たいせつ》ではないでしょうか。

苦難《くなん》を乗《の》り越《こ》えて誕生《たんじょう》した陽明学

張　本当にそう思いますね。王陽明少年は、十三歳のころ、最愛のお母さんを亡《な》くしました。また、父と同じく科挙《かきょ》を目指《めざ》しましたが、二度、試験《しけん》に落第《らくだい》しています。

さらに、陽明は体も弱く、肺病《はいびょう》を患《わずら》っています。

池田先生も、青春時代は、病気と戦う毎日であったとうかがいました。

池田　ええ。私も若いころは、肺病で苦しみました。朝起きると、等身大《とうしんだい》の寝汗《ねあせ》のあとが、布団《ふとん》にびっしょりとついていたものです。あの辛《つら》さは体験した人でないと、わからないかもしれません。

両親にも、ずいぶん心配をかけました。医者からは、三十歳まで生きられない、とも言われていました。ですから、私は病気の人、またそのご家族の気持ちがよくわかるつもりです。

張　そうでしたか。陽明は二十八歳で、ようやく科挙に合格し、官吏《かんり》となりますが、それからも病気のために何度か休職します。その間、儒教《じゅきょう》だけでなく、仏教や道教なども学び、思想遍歴《へんれき》を重《かさ》ねました。

池田　決して型にはまらず、物事の本質を探究しようとしましたね。

当時の学問や思想が、訓詁《くんこ》注釈《ちゅうしゃく》ばかりで実践《じっせん》がなく、俸禄《ほうろく》の手段になり下がっていることにも反発しました。それゆえ、既成《きせい》の権力《けんりょく》からは迫害《はくがい》を受けた。これは世の常《つね》です。

張　そのとおりです。陽明《ようめい》は再び仕官《しかん》しますが、横暴《おうぼう》な宦官《かんがん》*89を諫《いさ》めた仲間を助けようと上奏《じょうそう》して、宦官の怒《いか》りを買い、投獄《とうごく》され、四十回の鞭打《むちう》ちの刑《けい》に処《しょ》せられます。

その後、北京《ペキン》から千七百キロメートルも離《はな》れた最果《さいは》ての地・貴州省《きしゅうしょう》の龍場駅《りゅうじょうえき》に左遷《させん》されました。その途上《とじょう》でも、宦官が放った刺客《しきゃく》に命を狙《ねら》われました。

陽明の人生《じんせい》は、「百死千難《ひゃくしせんなん》」と称《しょう》されるくらい、苦難《くなん》また苦難の連続でした。

その迫害《はくがい》の果《は》てに行きついた流罪地で、彼は一つの悟《さと》りを得《え》るのです。

池田　有名な「龍場の悟り」と言われるものですね。

張　そうです。詳《くわ》しくは論じませんが、心の外《そと》に「理《り》」を求めた従来の朱子学《しゅしがく》*90の誤《あやま》りを感じ、「真理は自分の心の中にある」との境地《きょうち》に至《いた》るわけです。

これが基本となって、有名な「心即《そく》理」「知行合一《ちこうごういつ》」を旨《むね》とする新《あら》たなる哲学《てつがく》の地平を切り開いていきます。今から約五百年前の一五〇八年。陽明三十七歳の時でした。

池田　歴史に輝《かがや》きわたる陽明学の誕生《たんじょう》ですね。

恩師の戸田先生も、戦争に抗《こう》した獄中闘争《ごくちゅうとうそう》を通して、新たな思想革命《かくめい》を成《な》し遂《と》げていきました。

それはすなわち、「仏とは生命なり」と体得《たいとく》し、万人の生命には本来《ほんらい》、無限の可能性

王陽明の対聯《ついれん》（柱や壁の左右に相対して飾る詩句や書画）
上聯「緑樹係青天五峰秀色」
下聯「蒼松駕白石萬壑煙雲」
（中国文化大学蔵）

を秘《ひ》めた「最高に尊極《そんごく》なる仏性《ぶっしょう》」が等《ひと》しく輝《かがや》いていると教える仏法の生命観、宇宙観を現代に蘇《よみがえ》らせていったのです。

この生命尊厳《そんげん》の哲学《てつがく》を根本《こんぽん》とする人間観、平和思想が、私ども創価学会の文化・教育運動の出発点となっています。

張　陽明《ようめい》もまた、本来《ほんらい》、万人が聖人《せいじん》であると教えました。これは、ある意味で、仏教の思想にも通じる考えです。

実は、王陽明は、中国で初めて公《おおやけ》に仏教を讃《たた》えた儒学者《じゅがくしゃ》で、「孔子《こうし》[*91]は中国の釈迦《しゃか》であり、釈迦はインドの孔子である」と言っています。

隋《ずい》の皇帝《こうてい》が帰依《きえ》した天台宗《てんだいしゅう》は、『法華経《ほけきょう》』の思想こそ最も円融《えんゆう》であるとしましたが、『法華経』には、こう説かれています。

「諸仏世尊《しょぶつせそん》は唯《た》だ一大事《いちだいじ》の因縁《いんねん》を以《もっ》ての故《ゆえ》に、世に出現《しゅつげん》したまう。（中略）衆生《しゅじょう》をして仏知見《ぶっちけん》を開かしめ、清浄《しょうじょう》なることを得《え》しめんと欲《ほっ》するが故に、世に出現したまう」

（前掲『妙法蓮華経並開結』一二〇ページ）

この「一大事因縁」とは、衆生を救《すく》い、世を救い、己《おのれ》を捨てて民衆のために戦う、仏の精神を表していますね。

池田　まさに、おっしゃるとおりです。

この世に仏が出現したのは、「一大事因縁」のため――すなわち「すべての衆生に仏の智慧《ちえ》を開かせるため」であり「すべての衆生を成仏《じょうぶつ》させるため」でした。

さらに『法華経』には、「我《わ》れは本《も》と誓願《せいがん》を立てて　一切《いっさい》の衆《しゅ》をして　我が如《ごと》く等しくして異《こと》なること無《な》からしめんと欲《ほっ》しき　我が昔の願いし所の如きは　今者《いま》已《すで》に満足しぬ　一切衆生を化《け》して　皆《み》な仏道に入《い》らしむ」（同前、一三〇ページ）とも説かれています。

これは、人間は誰《だれ》でも仏教の教えを実践《じっせん》することで、「仏」と等しい「智慧」を発揮《はっき》し、偉大《いだい》な「境涯《きょうがい》」を開いていけることを示しております。皆《みな》、本来、等しく尊極なのです。

ところで、王陽明の学説は、「致良知《ちりょうち》」の三文字に凝縮《ぎょうしゅく》されると言われますね。

「志《こころざし》」に生きることの大切《たいせつ》さ

張　そのとおりです。
陽明は言います。「良知」とは、「是《ぜ》を是と知り、非《ひ》を非と知り」「善を知り、悪を知る」ことである。また、真心から人をいたわり慈《いつく》しむ心（真誠《しんせい》の惻怛《そくだつ》）である、とも述べています。そして「致《ち》」とは、「良知《りょうち》」を存分《ぞんぶん》に発揮《はっき》することを指《さ》します。

また「良知」は「知」であり、「致」は「行」で、「致良知」とは「知行合一《ちこうごういつ》」のことを言っています。

その哲学《てつがく》は、「行動がともなわなければ、真に知っているとは言えない」「行動こそ知の完成である」というものです。

池田　いかなる思想や知識も、実践《じっせん》と行動がともなわなければならない。逆に言えば、「知」も「行」も、心の内《うち》なる「理《り》」の顕現《けんげん》でなければならないということですね。

牧口先生も、陽明学《ようめいがく》の視点《してん》を踏《ふ》まえつつ、「思想」と「行動」の不一致《ふいっち》を、厳格《げんかく》に戒《いまし》めました。とりわけ、「悪」を「悪」と認識しながら、それを見逃《みのが》してしまうことには、ひときわ厳《きび》しかった。

たとえば、子どもたちに、こう問いかけています。

――鉄道の線路《せんろ》に石を置く。これは言うまでもなく悪いことだ。では、石が置いてあるのを知っていて、それを取《と》り除《のぞ》かない。これは善《よ》いことか、悪いことか――と。

牧口先生は、石を取り除かなければ列車は転覆《てんぷく》してしまうという道理を示《しめ》しながら、

小学校校長時代の牧口初代会長と児童たち（前列左から２番目）©Seikyo Shimbun

善いことをしないことは、結果的には悪いことをしたのと同じであると、わかりやすく教えました。

ゆえに、常々《つねづね》、こう訴《うった》えていました。

「消極的の善良《ぜんりょう》に安《やす》んぜず、進んで積極的の善行を敢然《かんぜん》となし得《う》る気概《きがい》の勇者《ゆうしゃ》でなければならぬ」、さらに「悪人の敵《てき》になり得る勇者でなければ善人の友とはなり得《え》ぬ」（「創価教育学体系 下」『牧口常三郎全集』第六巻所収、第三文明社）等と。

「悪を見て見ぬふり」をせず、積極的に善に生き抜くことの大切《たいせつ》さを教えたのです。これは、人間教育の大切な柱の一つです。

張　よくわかります。

王陽明は「心に照《て》らして正しくないと思

ったならば、仮《かり》にその言葉が孔子《こうし》から出たものであっても、正しいものと認《みと》めない」と語りました。「悪」を許《ゆる》さず、「正義」を貫《つらぬ》くことの大切《たいせつ》さを教えることは、非常に重《じゅう》要《よう》なことです。

池田　王陽明《おうようめい》はまた、徹《てっ》して志《こころざし》を立てることの大切さを説いていますね。「学問をするには、立志《りっし》ほど重要なことはない」（『新釈漢文大系13　伝習録』近藤康信著、明治書院）と。

私も創価学園、創価大学の創立者として、大いなる「使命」と「志」に生きることの大切さを、常《つね》に青年たちに訴《うった》えてきました。

「何のため」――青年は、自《みずか》らの使命を自覚《じかく》する時、その才能を急速《きゅうそく》に伸《の》ばします。尊《とうと》き志をもつ生命は、いかなる困難があっても必ず乗《の》り越《こ》えていけるものです。

張　王陽明も、最果《さいは》ての地に左遷《させん》されるなど、苦難《くなん》の連続でしたが、胸中《きょうちゅう》には常に、高き志が掲《かか》げられていました。ゆえに、いくら嵐《あらし》や吹雪《ふぶき》が襲《おそ》おうとも、心には暗雲《あんうん》を突《つ》き抜《ぬ》けて、晴れやかな青空が広がっていたに違《ちが》いありません。

死を前にして、弟子が遺言《ゆいごん》を求めると、彼は、微笑《ほほえ》みを浮《う》かべて語りました。

「この心は光明《こうみょう》である。いまさら何も言うことはない」と。

池田　王陽明の思想は、日本にも大きな影響《えいきょう》を及《およ》ぼしました。
張　日本の徳川時代の初期には、朱子学《しゅしがく》が唯一《ゆいいつ》、正統《せいとう》の思想であるとされましたが、幕《ばく》末《まつ》には、陽明学が盛んになりました。
佐藤一斎《さとういっさい》*92がその代表的人物として知られていますね。
池田　ええ。佐藤一斎は、「口舌《こうぜつ》を以《もっ》て諭《さと》す者は、人従《したが》うことを肯《がえん》ぜず。躬行《きゅうこう》を以《もっ》て率《ひき》いる者は、人効《なろ》うて之《こ》れに従う」（『言志四録』4、川上正光全訳注、講談社）と語っています。つまり、自らが模範《もはん》の行動を示《しめ》すことの大切さを説いているのですが、まさに陽明学の「知行合一《ちこうごういつ》」に通じるものです。
また、彼は、「志、不朽《ふきゅう》に在《あ》るべし。志、不朽に在れば、即《すなわ》ち業《ぎょう》も不朽なり」（同前）との有名な言葉も残しました。
張　日本における陽明学の本格的な出発としては、十七世紀の儒学者《じゅがくしゃ》・中江藤樹《なかえとうじゅ》*93が挙《あ》げられますね。明治の元勲《げんくん》である伊藤博文《いとうひろぶみ》*94、名将・東郷平八郎《とうごうへいはちろう》*95なども影響を受けています。東郷平八郎は、「一生、頭を下げて、陽明を拝《はい》す」という文字の刻《きざ》まれた印牌《いんぱい》を身につけていました。
陽明学は、「武士道」においても認められていましたし、日本の明治維新《いしん》は、陽明によって導《みちび》かれたものである、とも言われます。

池田　張理事長は、日本の思想史にも精通《せいつう》され、まことに造詣《ぞうけい》が深いですね。

近世における陽明学《ようめいがく》の影響《えいきょう》なども、その一例ですが、日本は思想においても、文化においても、中国から絶大《ぜつだい》な恩恵《おんけい》を受けてきました。

古来《こらい》、アジア地域では、人間の往来《おうらい》や文物《ぶんぶつ》の交流を通して、豊かな文化が育《はぐく》まれてきましたし、私たちは実に多くの共通の価値観《かちかん》や思想を共有しております。

私たちが共有する文化の土壌《どじょう》も、極《きわ》めて豊かであり、広範囲《こうはんい》です。そして、その中心にあるのが、中国の文明です。

張　歴史を振《ふ》り返《かえ》ると、中国の文化は、日本、韓国《かんこく》、ベトナムのいずれにも深い影響を与《あた》えてきました。また多くの華僑《かきょう》が東南アジアの国々に移住し、中国の文化を伝えてきました。

しかし、現在、中国とそれらの国々との間では、文化をはるかに凌《しの》ぐ、経済の関係が結《むす》ばれています。

ＥＵ（欧州連合《おうしゅうれんごう》）の前身が、ＥＣ（欧州共同体《きょうどうたい》）、またＥＥＣ（欧州経済共同体）であったように、「アジア共同体」も、主に経済的基盤《きばん》のうえに築《きず》かれるものとなるでしょう。そして、アジア経済の重心が中国に移動しつつあるという趨勢《すうせい》は、近年、極めて顕《けん》著《ちょ》になっています。

東アジアに平和・文化・教育のネットワークを

池田　経済的なつながりが、さらに密接《みっせつ》になっていくことは、時代の趨勢でしょう。ただし、それは対立や摩擦《まさつ》を生むのではなく、あくまでも共生《きょうせい》と連帯《れんたい》をもたらすものでなくてはなりません。

私は、これまで「ＳＧＩ（創価学会インタナショナル）の日」に寄せた記念提言《ていげん》などで、アジアの連帯のための「東アジア共同体」の創立なども訴《うった》えてきました。

また、このアジアの「共同体」については、韓国の慶熙《キョンヒ》大学の趙永植《チョヨンシク》学園長とも語り合いました。

思えば、趙学園長に、私たちのことを最初に紹介《しょうかい》してくださったのが張理事長でした。張理事長のお陰《かげ》で、韓国の偉大《いだい》な教育者であられる趙学園長、さらには名門・慶熙大学との深い友誼《ゆうぎ》と教育交流を結ぶことができたことを、心から感謝《かんしゃ》いたしております。

張　アジアに、新《あら》たな「平和」と「教育」の友情のネットワークを広げることができ、私も心からうれしく思っております。

池田　私との語《かた》らいの中で、趙《チョ》学園長は、〝戦争というのは、地球の反対側の国とはやらないものだ。歴史を振《ふ》り返《かえ》れば、戦争の多くは、隣国《りんごく》同士でやってきた〟と語っておられました。

　だからこそ、隣国同士で、友好関係を結《むす》ぶことが大切《たいせつ》です。相手を傷つければ、自分も傷つく。相手も自分もともに栄えていく――そういう関係からは戦争は生まれません。その点で趙学園長と私は、深く一致《いっち》しました。

　こうした哲学《てつがく》を、ご自身の行動を通して実践《じっせん》し、アジアに、世界に、確かなる「平和の文化」の礎《いしずえ》を築《きず》いてこられたのが、父上の張其昀《ちょうきいん》博士であり、張理事長であられます。

張　ありがとうございます。実は、私の父も、趙学園長と深い友情を結んでおりました。

　一九五〇年代後半、教育大臣を務《つと》めていた父は、その関係で、当時すでに教育者として著名であった趙学園長を台湾に招請《しょうせい》したのです。
以来、親交が結ばれ、一九六二年、父は、趙学園長の勧《すす》めで中国文化大学を創立したのです。父と趙学園長の間には、二十歳ほどの年齢差《ねんれいさ》がありましたが、「兄」「弟」と呼

池田SGI会長への韓国・慶熙大学「名誉哲学博士号」授与式。趙永植学園長と（1998年5月16日、韓国・ソウル）　©Seikyo Shimbun

び合う大変に麗《うるわ》しい間柄《あいだがら》でした。

池田　よくうかがっております。お二人の創立者によって、台湾と韓国《かんこく》に教育の連帯《れんたい》が築かれましたね。

中国文化大学は、名称《めいしょう》に「文化」の二字を掲《かか》げられました。慶熙《キョンヒ》大学も、「文化世界の創造《そうぞう》」という不滅《ふめつ》の「建学の精神」を有《ゆう》しています。

世界に開かれた学術《がくじゅつ》交流に力を入れていることや「学生第一」の精神など、両大学には多くの共通点《きょうつうてん》がありますね。

張　中国文化大学の最初の海外交流校は、慶熙大学でした。池田先生にも贈《おく》らせていただいた、わが大学の名誉《めいよ》博士号の第一号の受章者は、趙学園長なのです。

一九八五年、父が重体に陥《おちい》った際《さい》にも、趙《チョ》学園長は、激務《げきむ》の中、すべてをさしおいて、台湾まで駆《か》けつけてくださいました。

父は、趙学園長が来られるからと、前日から一睡《いっすい》もしないで、学園長の到着《とうちゃく》を待ち続けました。その後、天寿《てんじゅ》を全《まっと》うしたのです。そのようなすばらしい友情を結《むす》ばせていただいたことに、心から感謝《かんしゃ》しています。

池田　大変に感動的なお話です。

政治や経済の交流も大事ですが、文化・教育の交流こそ永遠性をもつ交流です。文化と教育は、普遍《ふへん》性があります。そして青年の友情は未来に広がり、世々代々へと受《う》け継《つ》がれていくからです。

張　賛成です。わが中国文化大学と創価大学と慶《キョン》熙《ヒ》大学の連帯《れんたい》で、東アジアに教育と青年の連帯を広げていきましょう！

池田　イギリスの歴史学者トインビー博士[*96]は、必ずや将来、世界は平和的な手段で一つの社会へ統合《とうごう》されていくと、明快《めいかい》に予見されていました。そして、その平和的な一体化の基軸《きじく》となるのは、東アジア地域であると、期待し展望《てんぼう》されたのです。

そしてまた、トインビー博士は、この東アジア地域における中国文化や仏教という平和的な精神遺産《いさん》が、世界の統合の精神的な基盤《きばん》になるであろうとも述べておられました。

その意味でも、「文化の揺籃《ようらん》」たる大学の交流をはじめとする教育の連帯が果《は》たす役《やく》割《わり》は、まことに大きい。それが、私の一貫《いっかん》した信念《しんねん》です。

2　孫文《そんぶん》先生の不屈《ふくつ》の楽観《らっかん》主義

中国文化の真髄《しんずい》は「王道《おうどう》の文化」

池田　大阪在住の読者から、次のようなお便《たよ》りをいただきました。

――一九九七年の夏、中国文化大学の美しいキャンパスを訪《おとず》れた折《おり》、思いもかけず、張理事長が自《みずか》ら迎《むか》えてくださり、ご多忙《たぼう》にもかかわらず、懇談《こんだん》してくださった。温《あたた》かな張理事長のお人柄《ひとがら》を懐《なつ》かしく思い出しながら、この対談を楽しみにしております――と。このように、多くの反響《はんきょう》が寄せられております。

張　池田先生との対談を記念して、わが中国文化大学では、二〇〇七年の五月、池田先生の平和思想を研究する学術《がくじゅつ》会議を盛大《せいだい》に開催《かいさい》しました。

連載《れんさい》のタイトルにあわせて、会議の名称《めいしょう》は「池田大作平和思想研究フォーラム――教育と文化の王道《おうどう》」*3としました。わが大学の「池田大作研究センター」が主催《しゅさい》し、「池田大作研究室」をもつ台南《タイナン》科技《かぎ》大学や厦門《アモイ》大学などからも約二百人の教授・学生が参加しました。

池田　恐縮《きょうしゅく》です。これも張理事長のご高配《こうはい》の賜物《たまもの》です。心より感謝《かんしゃ》申し上げます。

さて、貴大学は、孫文《そんぶん》*36（孫中山《ちゅうざん》）先生の遺訓《いくん》である「質朴堅毅《しつぼくけんき》」*97を校訓《こうくん》とされています。この孫文先生の言葉を大学精神の柱とされたことに、私は創立者であられる父上の堅忍不抜《けんにんふばつ》の精神を見る思いがいたします。

孫文先生は、アジアに「民衆の時代」の夜明けを告《つ》げた偉大《いだい》な革命家《かくめいか》です。ともに、当時の世界に吹《ふ》き荒《あ》れた軍国《ぐんこく》主義、植民地《しょくみんち》主義の横暴《おうぼう》に、激しく警鐘《けいしょう》を打ち鳴らした大思想家でもありました。

張　池田先生は、一九九九年十一月十二日、「偉大なる獅子《しし》　孫中山先生に捧《ささ》ぐ――『永遠の革命者　民衆世紀への王道』」と題する、二百七十二句からなる孫文先生を讃《たた》える詩を詠《よ》まれていますね。

奇《く》しくも同年、アメリカの『タイム』誌は、孫文先生を、二十世紀においてアジアで最も影響力《えいきょうりょく》のあった人物の一人に選びました。

池田　ああ、そうでしたね。孫文先生の思想は、二十一世紀の今もなお、世界に燦然《さんぜん》たる輝《かがや》きを放《はな》っています。
孫文《そんぶん》先生は、国家のエゴによる功利《こうり》や強権《きょうけん》ではなく、「正義と公理《こうり》によって人々を感化《かんか》する」王道《おうどう》を歩《あゆ》めと叫《さけ》ばれました。
そして、「正義と人道《じんどう》に反する行動は、いつかはかならず失敗します」とも警告《けいこく》されました。（「大アジア主義」今里禎訳、『孫文選集』第三巻所収、社会思想社）
こうしたビジョンと信念《しんねん》は、いつの時代にも、指導者《しどうしゃ》に不可欠《ふかけつ》のものです。

張　国父《こくふ》であられる孫文先生は、革命《かくめい》を指導して、満州族《まんしゅうぞく》の清朝《しんちょう》を倒《たお》しました。この孫文先生が主張した「三民主義《さんみんしゅぎ》」（民族《みんぞく》主義・民権《みんけん》主義・民生《みんせい》主義）は、中国五千年の文化の遺産《いさん》を受《う》け継《つ》ぐものです。
「民族主義」は王道を旨《むね》とする政治建設の原則であり、国際社会においても、博愛《はくあい》・自由・平等の精神をもって、他の国を心服《しんぷく》せしめようとするものです。
また「民権主義」は、公道《こうどう》（公正な道理）を旨とする社会建設の原則であり、「民生主義」は大同《だいどう》の理想に基《もと》づく物質面の建設の原則です。

池田　よくわかります。張理事長の父上・張其昀《ちょうきいん》博士は、一九六六年、アメリカのサンフランシスコで、「中華《ちゅうか》精神」について講演《こうえん》され、孫文先生の洞察《どうさつ》を引いて、こう語

台北市・国父紀念館の孫文像
©Darby Sawchuk/Alamy/PPS

られていますね。
「中国の民族性は、『仁義《じんぎ》・道徳《どうとく》』の影響《えいきょう》を深く受けています。そしてそれは、人を感化することに重きがおかれ、人を圧迫《あっぱく》するものではありません。人に徳をもたらすものであり、人を権威《けんい》で恐《おそ》れさせるものではないのです。このように、人に徳をもたらす文化は、中国の古典では、『仁政《じんせい》（慈《じ》悲深《ひぶか》い政治）を施《ほどこ》し、王道を行《おこな》う』と言います。ゆえに、中国文化は、王道の文化なのです」（前掲『張其昀先生文集』第六巻）と。

　孫文先生の説かれたヒューマニズム――王道の精神が、中国の伝統《でんとう》文化に根差《ねざ》していることを、明晰《めいせき》に指摘《してき》されておりました。

張　そのとおりです。

池田先生は、かつて中国社会科学院で発表された講演《こうえん》において、中国の伝統《でんとう》思想に流れる「共生《きょうせい》のエートス」とは、すなわち調《ちょう》和《わ》をもって対立にとって代《か》わらせる心的傾《けい》向《こう》である――と強調しておられます。

これはすなわち、中国文化における「仁《じん》に親《した》しみ、隣人《りんじん》に尽《つ》くし、信義《しんぎ》を重んじつつ親睦《しんぼく》をはかる」という「恕《じょ》」の道です。

これは、アメリカのリンカーン大統領《だいとうりょう》*98が、一八五八年に語った「我、奴隷《どれい》たるを願《ねが》わず。故《ゆえ》に主人たるを願わず」の精神に相通《あいつう》じるものです。

民衆に尽くした孫文《そんぶん》先生

池田　父上の張其昀《ちょうきいん》博士が訴《うった》えられたとおり、政治家もまた「王道《おうどう》の精神」に則《のっと》るべきです。

父上は、政治の根本《こんぽん》精神は、すべて正義を守ることにある、と断言《だんげん》しておられました。

現代社会の混迷《こんめい》は、この基本中の基本を多くの政治家が忘《わす》れてしまったことにあります。政治家である前に〝人間〟なのか、それとも人間である前に〝政治家〟なのか――

初心《しょしん》と志《こころざし》を忘れ、後者になった時に、堕落《だらく》が始まるのです。

張　そうです。時代を問わず、すべての政治家が、常《つね》に襟《えり》を正し、自《みずか》らに厳《きび》しく問い続けるべき精神ですね。

池田　偉大《いだい》な教育大臣として、政治の世界でも活躍《かつやく》された父上は、次のようにも警告《けいこく》されています。

――社会における最大の危機《きき》とは、すなわち為政者《いせいしゃ》が、個人の損得《そんとく》のみに心を奪《うば》われ、自分に反対する者の思想および行為《こうい》に、ほしいままに禁止を加え、相手の主張に耳を貸《か》そうとしないために、公《おおやけ》における是非《ぜひ》を論じることができないといった状況《じょうきょう》に陥《おちい》ることである、と。

思想・信条《しんじょう》の自由を、恣意的《しいてき》に蹂躙《じゅうりん》することがあっては、絶対にならない。これは民主主義の根本《こんぽん》であり、為政者《いせいしゃ》が忘れてはならない永遠の真理です。

張　おっしゃるとおりです。十九世紀のイギリスの政治家ディズレーリ[*99]は言いました。

「真理は、行動を通じて正義となる」と。

宗教と哲学《てつがく》の違《ちが》いは、哲学は「真理」に重きを置き、宗教は「行動」に重きを置く点です。行動あってこそ、初めて、積極的な社会的、政治的な効能《こうのう》を発揮《はっき》することができます。

その意味において、創価学会は、天台の「教観並重《きょうかんへいじゅう》」*100の伝統《でんとう》を受《う》け継《つ》ぎ、学問と実践《じっせん》の両方を重んじておられる。そして、社会の公益《こうえき》に尽《つ》くし、人々を救《すく》うために献身《けんしん》されていますね。

池田　人間に奉仕《ほうし》し、人々を幸福にするのが、宗教の本来《ほんらい》の役割《やくわり》です。

牧口先生は、厳然《げんぜん》と断言《だんげん》しました。

「人を救い世を救うことを除《のぞ》いて宗教の社会的存立《そんりつ》の意義《いぎ》があろうか」と（『創価教育学体系〈上〉』『牧口常三郎全集』第五巻所収、第三文明社。現代表記に改めた）。

ともあれ、今、必要なのは、為政者《いせいしゃ》自身の革命《かくめい》です。リーダー観の変革《へんかく》です。

孫文《そんぶん》先生は学生たちに語りました。（一九二四年、嶺南《れいなん》大学での演説）

能力《のうりょく》のある人間が、能力をもたない人々を「踏《ふ》み台《だい》」にするような古い時代に終止《しゅうし》符《ふ》を打て、と。

〝聡明《そうめい》で能力のある人は、その分、民衆のために尽くさねばならない〟——この道徳こそ、世界中の新しい潮流《ちょうりゅう》になっていくべきであると訴《うった》えました。民衆への奉仕《ほうし》です。大学の使命もまた同じです。

この点、孫文先生は、民衆に尽くし、民衆を護《まも》り、民衆から愛された、情熱と勇気の模範《もはん》の指導者《しどうしゃ》でした。孫文先生を終生《しゅうせい》にわたり支《ささ》え続《つづ》けた日本の宮崎滔天《みやざきとうてん》*101は、その出会いの印象《いんしょう》を、率直《そっちょく》にこう綴《つづ》っています。

「私は恥《は》じ入《い》った。（中略）孫文のように、天真《てんしん》でありながら思想は高尚《こうしょう》、識見《しきけん》すぐれ、情熱的で抱負遠大《ほうふえんだい》な人物が日本に何人いようか。彼は東亜《とうあ》の珍宝《ちんぽう》だ。私はこの時から彼に敬服《けいふく》した」（『孫文──百年先を見た男』田所竹彦著〈築地書館〉の中で紹介）と。

余談《よだん》ですが、豪放磊落《ごうほうらいらく》な性格であった恩師の戸田先生を知る、ある新聞記者が、「戸田会長は孫文先生に似ていた」と語っていたことが忘《わす》れられません。

十度の失敗を経《へ》て成功した革命《かくめい》

張　そうでしたか。

孫文先生は、一八九四年、ハワイのホノルルで「興中会《こうちゅうかい》」を結成し、革命の烽火《のろし》を上げます。二十八歳の時でした。

以後、十度にわたる失敗を経《へ》て、一九一一年十月十日、武昌《ぶしょう》における蜂起《ほうき》が勝利を収め、革命は初めて成功をみました。

それによって、人々は、孫文先生を「国父《こくふ》」と尊称《そんしょう》するようになりました。その後も、臨時大総統辞任《りんじだいそうとうじにん》や第二革命《かくめい》の失敗など、激動は続きますが……。

池田　日本では「七転《ころ》び八起《お》き」という諺《ことわざ》がありますが、孫文《そんぶん》先生は「十転び十一起き」と言われましたね（笑）。

「一度や二度の失敗でしょげかえるな！」

これが、孫文先生の不撓不屈《ふとうふくつ》の金剛《こんごう》の魂《たましい》です。

一九〇五年、孫文先生が、東京で中国同盟会《どうめいかい》の結成準備の会合をしていた時のことです。あまり大勢《おおぜい》が集まったので、突然《とつぜん》、会場の床《ゆか》が抜《ぬ》けてしまった。これから出発という時に、なんと不吉《ふきつ》なことか、と皆《みな》が顔色《かおいろ》を変えた。

しかし、孫文先生は悠然《ゆうぜん》と言い放った。

「なんとめでたいことだ！　敵《てき》を踏《ふ》みつぶす前触《まえぶ》れではないか！」

この一言で皆の心は明るくはじけ、歓声《かんせい》が起こったといいます。日本での大変に有名なエピソードです。

この前後、孫文先生は、革命の準備のために、何度か台湾に行かれていますね。

張　ええ。孫文先生は、三度、台湾を訪《おとず》れました。

一回目は、一九〇〇年九月二十八日に到着《とうちゃく》しています。十月八日に台北《タイペイ》に総司令部の指揮所を設《もう》け、恵州蜂起《けいしゅうほうき》を企《くわだ》てますが、失敗に終わり、十一月十日に台湾の基隆《きりゅう》から日本に戻《もど》りました。

その後、一九一〇年に中国同盟会が、台湾に分会を結成。それに最初に加入したのは翁俊明《おうしゅんめい》*102という医師です。ちなみに、氏は、日本でも有名な歌手ジュディ・オングさんの祖父《そふ》に当たります。続いて蔣渭水《しょういすい》や杜聡明《とそうめい》*103も加わりました。

池田 医師といえば、孫文先生も最初は医学を志《こころざ》し、香港《ホンコン》大学医学部の前身である「西医書院《せいいしょいん》」を卒業していますね。

しかし、「救国《きゅうこく》」の最大の力は政治であると、敢《あ》えて革命家の道を歩《あゆ》まれた。

張 そのとおりです。二回目の台湾訪問は、一九一三年、袁世凱《えんせいがい》*104の討伐《とうばつ》に失敗した直後の八月五日、福州《ふくしゅう》から秘密裏《ひみつり》に台湾を訪《おとず》れています。公《おおやけ》の活動は行《おこな》わず、八月九日に神戸《こうべ》に引き返しました。

三回目は、一九一八年、護法軍政府大元帥《ごほうぐんせいふだいげんすい》の職を辞したのちの六月七日、広州《こうしゅう》から船で基隆に渡《わた》ろうとしたものでした。目的《もくてき》は、台湾の同胞《どうほう》に「三民主義」を宣伝し、民族意識を喚起《かんき》することにありましたが、台湾総督府《そうとくふ》に阻《はば》まれ、上陸できないまま、転じて日本の門司《もじ》に向かいました。

池田　孫文《そんぶん》先生は、自《みずか》ら「三民主義」の思想を未来の世代にも伝えゆくために、広州《こうしゅう》の国立師範《しはん》高等学校（のちの中山大学《ちゅうざん》）で連続講演《こうえん》を行《おこな》うなど、最後まであらゆる努力を尽《つ》くしていますね。

張　ええ。「三民主義」を実現するべく、『実業計画』『民権初歩《みんけんしょほ》』『建国大綱《けんこくたいこう》』等の書も著《あらわ》しました。

ちなみに、『実業計画』に記《しる》された未来構想《こうそう》には、近年、中国大陸で完成された青蔵《せいぞう》鉄道、三峡《さんきょう》ダム、杭州湾《こうしゅうわん》の東方大港《とうほうたいこう》などがあります。

国父《こくふ》の思想は、広くかつ深く、国際関係や治国豊民《ちこくほうみん》に関する多くの方案《ほうあん》にまで言及《げんきゅう》しているのです。

二〇〇六年十一月十二日の孫文先生の生誕《せいたん》百四十周年にちなみ、中国大陸は孫文先生を大いに宣揚《せんよう》し、中国の指導者《しどうしゃ》である胡錦濤《こきんとう》氏がスピーチを行い、その偉大《いだい》なる業績《ぎょうせき》を讃《たた》えました。改革開放《かいかくかいほう》以降における中国の経済建設の大半は、いずれも孫文先生の実業計画に基《もと》づいたものです。

ゆえに、私どもの中国文化大学は「中山学術研究所《ちゅうざんがくじゅつ》」を設立《せつりつ》し、修士課程《かてい》、博士課程を設《もう》けています。

「人民こそ皇帝《こうてい》なり」

池田　よく存じ上げております。
この孫文先生の思想の中で、張理事長が、青年たちに、とくに強調しておきたい点は何でしょうか。

張　そうですね。孫文先生は、「三民主義」の要旨《ようし》について、アメリカのリンカーン大《だい》統領《とうりょう》が説くところの「人民の人民による人民のための政治」に相通《あいつう》ずるとしています。
そして、アメリカの独立宣言は、自由主義の提唱者《ていしょうしゃ》であるイギリスの哲学者《てつがくしゃ》ジョン・ロック*105などの影響《えいきょう》を受けたものであり、彼らの学説は近代西洋民主主義の基礎《きそ》をなすものであると述べています。

池田　大事なポイントですね。

孫文先生の「人民こそ皇帝《こうてい》なり」「人民こそ王者なり」との叫《さけ》びは、大変に有名です。

孫文先生は、民衆に「絶対の信頼《しんらい》」を置いていました。民衆が立ち上がれば、断《だん》じて革命は成《な》る。希望《きぼう》の時代が開かれる。ここに、孫文先生の断固《だんこ》たる確信の源泉《げんせん》があった。

人間を信じ、民衆を信じ抜《ぬ》いていたからこそ、孫文先生は、どれほど失敗しても、うちのめされても、楽観《らっかん》主義の大闘争《とうそう》を貫《つらぬ》くことができたのではないでしょうか。そのうえで、現実《げんじつ》を変えていくために大事なのは、民衆の「団結《だんけつ》の力」である。それを繰《く》り返《かえ》し強調し、訴《うった》えていますね。

張　ええ。孫文《そんぶん》先生は、アジアの民衆、さらには世界の抑圧《よくあつ》された民族《みんぞく》との連帯《れんたい》を目指《めざ》していました。

一九〇五年に中国同盟会《どうめいかい》が東京で結成された時、機関紙『民報《みんぽう》』を創刊《そうかん》し、こう宣言しています。

「中国と日本の人民の友誼《ゆうぎ》、及《およ》び、世界の平和を守る正義とをもって、中国外交の主たる政策となすものである」と。

もし今後、中国が強大になっても、列強《れっきょう》と同じ轍《てつ》を踏《ふ》むのではなく、「弱きを救《すく》い、危《あや》うきを扶《たす》ける」精神を土台として、弱小民族と手を結《むす》び、「大同《だいどう》の世界」をつくることを主張しました。この高き志《こころざし》が孫文先生の真骨頂《しんこっちょう》です。

第二次世界大戦後、蔣中正《しょうちゅうせい》（蔣介石《かいせき》）*106総統《そうとう》が、「徳《とく》を以《もっ》て怨《うらみ》に報《むく》いん」として、日本に戦争賠償金《ばいしょうきん》を求めなかったことは、孫文先生の遺志《いし》を遵守《じゅんしゅ》し、「恕《じょ》」の道を実践《じっせん》したものにほかなりません。

池田　あの軍国《ぐんこく》主義の日本が犯《おか》した罪を思うと、深く胸が痛みます。

孫文先生は、一九一〇年、日本が韓《かん》・朝鮮半島《ちょうせんはんとう》を植民地化《しょくみんちか》したことを厳《きび》しく批判し、「アジア全域《ぜんいき》における人心を失《うしな》うにいたった」（鳥井克之訳、前掲『孫文選集』第三巻所収）と深い憂慮《ゆうりょ》を表明《ひょうめい》されました。

張　私の父も、日本の朝鮮占領《ちょうせんせんりょう》に異《い》を唱《とな》え、「仁者《じんしゃ》は大を以《もっ》て小に事《つか》える（大きな心をもって、小さなところを扶《たす》けていく）」との言葉を主張し、朝鮮を支持しました。

池田　それこそ、正義の言論です。

孫文先生が、逝去《せいきょ》の三カ月前の一九二四年（大正十三年）十一月、神戸の地で「大アジア主義」と題する講演《こうえん》を行《おこな》い、日本の進路に警鐘《けいしょう》を鳴らしたことは、あまりにも有名です。

「（日本は）いったい西洋の覇道《はどう》の番犬《ばんけん》となるのか、東洋の王道《おうどう》の干城《かんじょう》（盾《たて》となり城となって外を防ぎ内を守ること）となるのか、あなたがた日本国民がよく考え、慎重《しんちょう》に選ぶことにかかっているのです」（今里禎訳、前掲『孫文選集』第三巻所収）と。

軍国日本は愚《おろ》かにも、孫文先生の警告《けいこく》を無視して、覇道を突《つ》き進《すす》み、アジアと世界に多大《ただい》な損害《そんがい》を与《あた》え、最後は無残《むざん》にも自滅《じめつ》しました。台湾の方々にも、多大な犠牲《ぎせい》を強《し》いてしまったことは、絶対に忘《わす》れてはならない歴史です。

張　「覇道《はどう》」か「王道《おうどう》」か――。

孫文《そんぶん》先生が主張された「覇道」とは、西洋の「力の文明」であり、爆弾《ばくだん》であり、戦闘《せんとう》機《き》であり、武力によって人を圧迫《あっぱく》する道です。

反対に「王道」とは、東洋のもつ、優《すぐ》れた「精神の文明」であり、その本質は仁義道《じんぎどう》徳《とく》であり、人を圧迫するのではなく、徳によって人を慕《した》わせる道であります。

池田　世の為政者《いせいしゃ》よ、人間主義の王道を進め！――孫文先生の叫《さけ》びに呼応《こおう》するかのように、創価学会の牧口初代会長、戸田第二代会長は、民衆を虐《しいた》げる横暴《おうぼう》な〝悪〟とは、断固《だんこ》として闘《たたか》い抜《ぬ》きました。

創価学会は、一貫《いっかん》して、この「王道」を歩《あゆ》んできたがゆえに、「覇道」の権力者《けんりょくしゃ》からは迫害《はくがい》を受けてきたのです。

ソフト・パワーは王道　ハード・パワーは覇道

張　牧口会長、戸田会長は、軍国《ぐんこく》主義が妄《みだ》りに武力を用《もち》いることに反対したため牢獄《ろうごく》につながれましたが、その不撓不屈《ふとうふくつ》の精神は、永遠に歴史に残るでありましょう。

ハーバード大学で「ソフト・パワーの時代と哲学」と題し講演する池田SGI会長（隣はジョセフ・ナイ教授。1991年9月26日）　©Seikyo Shimbun

一九九一年九月、池田先生は、ハーバード大学において、「ソフト・パワーの時代と哲学《てつがく》」と題する講演《こうえん》を行《おこな》われました。「ソフト・パワー」と相対《あいたい》するのが「ハード・パワー」です。前者は、すなわち、中国古代の「王道」であり、後者は「覇道」です。

「覇道」は、一時的な権謀術数《けんぼうじゅっすう》や利益《りえき》にのみ着眼《ちゃくがん》し、「王道」は大教育者の精神で、信義《しんぎ》を重んじ、大を以《もっ》て小に仕《つか》え、弱きを救《すく》い、貧《まず》しきを助けるという大政治家の事業を為《な》すものです。

孫文先生も、「王道とは即《すなわ》ち中庸《ちゅうよう》の道であり、侵略《しんりゃく》を説かず、強権《きょうけん》を重んじず、博愛《はくあい》と仁義と平和の精神で人々を心服《しんぷく》せしめる、徳《とく》を以《もっ》て人を愛することである」と述べています。

かつて（クリントン政権下《せいけんか》で）アメリカ国防総省《こくぼうそうしょう》の国防次官補《じかんほ》を務《つと》めたハーバード大学のジョセフ・ナイ教授は、二〇〇四年、自著《じちょ》の中で、当時のブッシュ大統領《だいとうりょう》が、国連の認可《にんか》を得《え》ないまま、対イラク戦争を発動したことは、「ハード・パワー」運用の悪《あく》例《れい》であり、世界の大多数の国の民衆から非難《ひなん》を受けていることを認《みと》めています。たとえば、ヨーロッパ諸国《しょこく》におけるアメリカに対する支持率は、三十パーセントに低下しています。

池田　ナイ教授とは、日本でも、アメリカでも語り合いました。私のハーバード大学での講演《こうえん》の際《さい》も駆《か》けつけてくださり、コメンテーター（講評者《こうひょうしゃ》）として登壇《とうだん》してくださいました。

「ソフト・パワー」の重要性《じゅうようせい》については、張理事長も親交《しんこう》を結《むす》ばれている、元ソ連大統領のゴルバチョフ氏[*7]とも、私は膝《ひざ》を交《まじ》えて語り合いました。

私たちが意見の一致《いっち》を見たポイントの一つは、「現実《げんじつ》の世界では、問題や矛盾《むじゅん》が絶《た》え間《ま》なく起きる。それを、どう解決していくのか。『暴力《ぼうりょく》』ではなくして、あくまでも『対話』への努力を、たゆみなく貫《つらぬ》いていく以外にない」ということでした。「対話」

こそ、「ソフト・パワー」の武器です。

教育・文化交流は民衆を結ぶ懸《か》け橋《はし》

張　池田先生は、長年にわたって、創価学会、およびSGIをリードされ、世界のため、平和のために、数々のすばらしい貢献《こうけん》をしてこられました。その証《あかし》として、「国連平和賞」をはじめ、全世界から輝《かがや》かしい顕彰《けんしょう》を受けておられます。

私たちも、私たちなりに、東アジアの平和を促《うなが》すために、微力《びりょく》ながらも努力しています。中国文化大学は、日本の十六の大学、並びに韓国《かんこく》の二十六の大学と姉妹協定《しまいきょうてい》を結ぶことで、交流を広げています。

池田　貴大学が、創立以来、韓国との教育・文化交流を積極的に発展させてこられたことは、大変に有名です。

二〇〇二年には、そうした貢献に対し、韓国政府から張理事長に「金大中《キムデジュン》大統領賞」が贈《おく》られたことも、よく存じ上げております。張理事長の長年にわたる教育への貢献が高く評価《ひょうか》され、私どもも心からうれしく思っております。

張　ありがとうございます。一九八九年、私は、台湾で最初に、中国大陸から学者を招待《しょうたい》しました。当時は、大変に困難な仕事でした。なぜなら、招待する学者は共産党員であってはならないとされていたからです。そうでないと台湾政府が認《みと》めてくれなかったのです。

池田　貴重《きちょう》な証言です。張理事長が、教育と学術《がくじゅつ》の交流と発展のために、どれほど勇敢《ゆうかん》に、誠実《せいじつ》に先駆《せんく》の行動を続けてこられたか。大きな困難を忍耐強《にんたいづよ》く乗《の》り越《こ》えて、新しい道を開いてこられたことは、まことに尊《とうと》いご貢献です。

張　ありがとうございます。

　私が最初に招聘《しょうへい》したのは、中国科学院砂漠《さばく》研究所所長の張松喬《ちょうしょうきょう》氏でした。以後、わが大学は、両岸《りょうがん》学術会議を数次《すうじ》にわたって開催《かいさい》しています。また私自身、台湾の各大学の代表八十人で結成された団を率《ひき》いて、中国大陸を訪問したこともあります。

　現在、わが大学は、北京《ペキン》大学、浙江《せっこう》大学、南開《なんかい》大学をはじめとする大陸の八大学と姉妹交流を結《むす》んでいます。

　父が著《あらわ》した『孔子伝《こうしでん》』は、すでに北京大学出版社から発刊され、わが大学の胡品清《こひんせい》教授の『唐詩《とうし》三百首』のフランス語版、姜道章《きょうどうしょう》教授が編集・翻訳《ほんやく》した『中国地図学史』も、同出版社から発刊されました。また、中国科学出版社からは、拙書《せっちょ》『世界の資《し》

北京大学と中国文化大学との交流調印式（左側が張鏡湖理事長、2007年1月）

©Chinese Culture University

源《げん》と環境』が出版されました。

わが大学には、台湾の各大学の中でも最も早い時期に発足した「大陸問題研究所」があります。私たちは、両岸（中国大陸と台湾）の学術交流を強化することで、大陸と台湾との間で起こりかねない対立の危機《きき》を回避《かいひ》させることを切《せつ》に願《ねが》っています。

池田　教育交流、文化交流は、民衆と民衆を結ぶ偉大《いだい》な架橋《かきょう》作業でもあります。

思えば、私がロシアを初訪問したのは、まだ中ソ対立が激しかった一九七四年九月のことでした。招聘先のモスクワ大学を訪《おとず》れた時、大学の総長室には、モスクワ大学の全景を描《えが》いた大きなタペストリー（絵模様を織り出した織物）が飾《かざ》られていました。聞けば、モスクワ大学の創立二百周年を記念し、北京《ペキン》大学から贈《おく》られたものだったのです。

教育の世界の友情と交流は、政治の対立の嵐《あらし》にも揺《ゆ》るがなかった。私は励《はげ》まされる思いでした。勇気がわいてきました。

教育と文化の世界に壁《かべ》などありません。教育と文化の王道《おうどう》こそ、人類《じんるい》平和の直道《じきどう》であると私は確信しています。

3　輝《かがや》く地球の未来へ

人類生存《せいぞん》のカギを握《にぎ》る環境問題

池田　二〇〇七年の十月、国連《こくれん》環境計画*107（UNEP）が、五年ぶりに報告書（『地球環境概《がい》況《きょう》4』〈GEO‐4〉）を発表し、世界の直面《ちょくめん》する環境問題の深刻《しんこく》さをあらためて浮《う》き彫《ぼ》りにしました。

気候変動や環境汚染《おせん》等がもたらす影響《えいきょう》について、このままでは「人類の生存《せいぞん》は危機《きき》にさらされる」と、最大級の警告《けいこく》を発《はっ》しています。

ここでは、環境問題の権威《けんい》でもあられる張理事長に、人類が直面する課題《かだい》についてうかがっていきたいと思います。

張　こちらこそ、よろしくお願いいたします。

人類は今、地球温暖化《おんだんか》、熱帯林の減少、オゾン層の破壊《はかい》、海洋汚染、生物種の減少、資源の枯渇《こかつ》といった地球的問題群に直面《ちょくめん》しています。

これらは、国際社会の持続的《じぞくてき》発展にマイナスの影響《えいきょう》を与《あた》えます。ゆえに平和な世界を築《きず》くためにも、環境問題の解決が急がれているのです。

池田　そのとおりですね。

環境問題は、貧困《ひんこん》や飢餓《きが》、エネルギーや食糧《しょくりょう》の問題等とも不可分《ふかぶん》の関係にあります。この問題を避《さ》けて、平和を語ることは、もはやできません。

張理事長は、一九九六年三月、フィリピンで行《おこな》われた創価大学主催《しゅさい》の「環太平洋《かんたいへいよう》シンポジウム」で、すでに〝地球の温暖化現象《おんだんかげんしょう》〟の影響について論文を発表されております。

また、二〇〇二年の十一月には、「地球環境と世界平和」と題する創価大学でのご講演で、環境の悪化にともなう世界各地での紛争《ふんそう》の増加の危険性を指摘《してき》しておられました。

張理事長が鋭《するど》く洞察《どうさつ》されたとおり、今、世界は、自然界からのさまざまな脅威《きょうい》に晒《さら》され、「人間の安全保障」が根本《こんぽん》から脅《おびや》かされています。

張　池田先生は、世界で環境問題が注目される以前から、地球の危機《きき》的課題《かだい》について警《けい》告《こく》を発《はっ》してこられました。

ローマクラブ[108]の創設者《そうせつしゃ》である、イタリアの故《こ》ペッチェイ博士[109]との対談集『二十一世紀への警鐘《けいしょう》』でも、こうした課題が取り上げられており、感銘《かんめい》しました。

ローマクラブの示した構想《こうそう》は、すばらしいものです。池田先生の構想とも一致《いっち》していると思います。

池田　ローマクラブは一九七二年、リポート『成長の限界』で、地球社会の未来に警鐘を鳴らし、世界に衝撃《しょうげき》を与《あた》えました。

私が、ペッチェイ博士と初めてお会いしたのは、その三年後の一九七五年の五月のことでした（フランス・パリ郊外）。第二次世界大戦中、レジスタンスの闘士《とうし》としてファシズムと勇敢《ゆうかん》に戦われた博士が、「手遅《ておく》れにならないうちに」と、危機を打開《だかい》しゆく方途《ほうと》を、真摯《しんし》に、そして実に情熱的に語っておられた様子《ようす》が忘《わす》れられません。

そのペッチェイ博士を師と仰《あお》ぎ、遺志《いし》を継《つ》いで戦ってこられたローマクラブのホフライトネル[110]名誉会長とも、私は対談集（『見つめあう西と東――人間革命と地球革命』第三文明社）を発刊しました。環境問題は、あくまでも人間が引き起こした問題です。ゆえに解決のためには、迂遠《うえん》なように見えても、やはり人間自身が、生き方そのものを変革《へんかく》していく以外にない――これが、ペッチェイ博士、そしてホフライトネル博士とも一致した結論です。

張　まさに「人間革命《かくめい》」の思想ですね。

ペッチェイ博士との対談集だけでなく、池田先生のご著作《ちょさく》は、全部、読んでおります。

私は、創価大学との交流協定《きょうてい》の調印式《ちょういんしき》（一九九五年七月）の折《おり》、創価大学で「中国水《みず》資源の生態《せいたい》と経済発展に及《およ》ぼす影響《えいきょう》」と題する講演《こうえん》を行《おこな》いました。

その中で、湖《みずうみ》、ダム、黄河《こうが》などの水質汚染《おせん》および酸性《さんせい》雨などの問題を提起《ていき》するとともに、中国北部の水資源の欠乏《けつぼう》が経済発展に及ぼす影響について強調《きょうちょう》しました。

目下《もっか》、中国はすでに「南水北調《なんすいほくちょう》」（南部の河川《かせん》の水を北部へ引いて、北部の水不足に役立てる）プロジェクトを進めています。この計画の目的《もくてき》は、長江《ちょうこう》の水を北部に送ろうとするものです。早くも一九八〇年に、国連《こくれん》の専門家ビスワスは「この計画が完成すれば、それは二十一世紀で最も偉大《いだい》な水利《すいり》プロジェクトとなるであろう」と述べています。

世界的規模《きぼ》の水不足

池田　中国では、大規模《だいきぼ》な水利プロジェクトのほか、海水の淡水化《たんすいか》事業や、航空機やロケットを使って雨を降らせる技術など、さまざまな方策《ほうさく》が試《こころ》みられていますね。

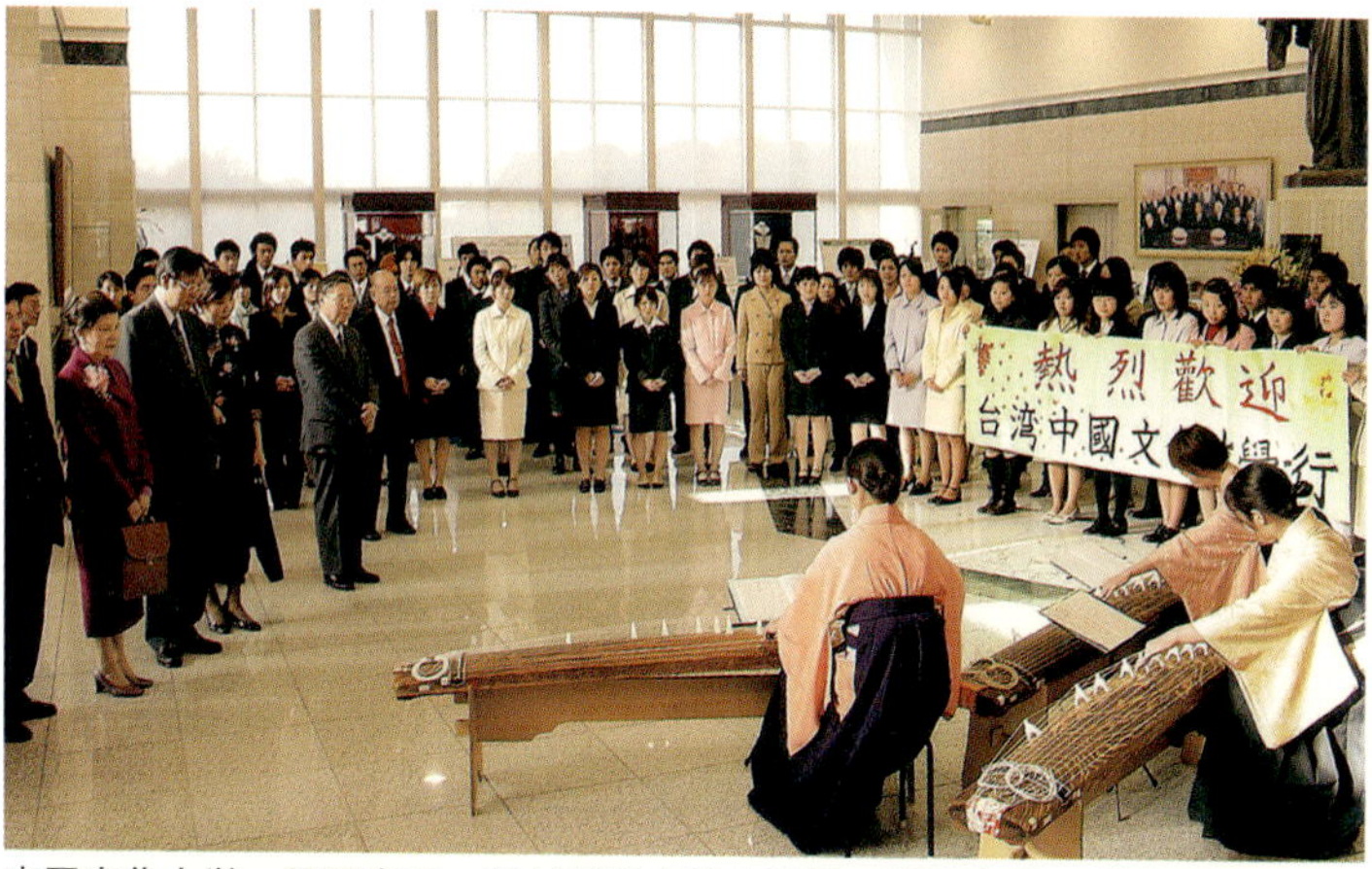

中国文化大学・張理事長一行が創価大学を訪問。張理事長は「地球環境と平和」と題する講演を行った（2002年11月）

水不足は今や、一部の国のみならず、世界的な現象《げんしょう》となりつつあります。そのため、二十一世紀は、人口の増加や穀物《こくもつ》の不足とあいまって、「水を争《あらそ》う時代」になると予想されています。

私の恩師は「川の水が減っていくことは、その国土の衰微《すいび》を意味し、その国勢《こくせい》の衰微を警告《けいこく》するものだ」と語っていました。世界規模の水不足は、今や地球そのものの衰微を象徴《しょうちょう》していると言わざるを得《え》ません。

張　おっしゃるとおり、多くの専門家は、二十一世紀の人類《じんるい》が直面《ちょくめん》するであろう最も深刻《しんこく》な問題の一つは、水資源の減少であると見ています。

切実《せつじつ》なのは、アフリカのサハラ砂漠《さばく》以南

の地域、中国の北部、インドの乾燥《かんそう》地帯、そしてバングラデシュです。ヒマラヤ氷《ひょう》河《が》の融水《ゆうすい》は、中国、東南アジア、南アジアの五つの大河の主《おも》な水源ですが、氷河面積は、この三十年間で九パーセントも減少しています。もしも地球温暖化《おんだんか》がこのまま続くならば、二十一世紀の末には、氷河は七十五パーセント減少するとされています。

これでは、アジアの多くの人々は、どうやって生活すればよいのでしょうか。

池田　氷河に蓄《たくわ》えられている水の減少によって、世界の人口の六分の一の人々が影響《えいきょう》を受ける可能性が高いとされています。

二〇〇七年の一月、国連《こくれん》環境計画（UNEP）は、二〇〇〇年から二〇〇五年の間に観《かん》測《そく》された世界各地の氷河融解《ゆうかい》の速度は、一九八〇年代の三倍に達したと発表しました。

地球温暖化による氷河の融解は、アジアのみならず、世界各地にさまざまな影響を与《あた》えていますね。

張　ええ。近年、アメリカのロッキー山脈では、氷河融水の減少により、コロラド川の水量が減りました。南米のアンデスに位置するペルーでは、過去三十年間で、氷河面積が三分の一も減少し、エクアドルやボリビアでも同様に、水力発電や灌漑《かんがい》・生活用水に影響が及《およ》んでいます。

また世界には、二つ以上の国を流れる国際河川が二百六十三も存在しますが、常《つね》に紛《ふん》争《そう》が起きています。たとえば、ヨルダン川は、シリアやレバノンからイスラエルに注《そそ》いでいますが、水をめぐる争《あらそ》いが絶えません。ガリ元国連事務総長も、「中東の次なる戦争は、水資源《しげん》の争奪《そうだつ》であろう」と述べています。

中国の北部、インド、メキシコは、大々的に地下水を汲《く》み上《あ》げて灌漑に用《もち》いていますが、黄河《こうが》流域の地下水の八十九パーセントがすでに利用し尽《つ》くされ、そのために地層沈《ちそうちん》下《か》が起きています。インドやメキシコの状況《じょうきょう》も、中国の北部と酷似《こくじ》しています。

アマゾンでの植林《しょくりん》計画を推進《すいしん》するSGI

池田　森林の急速《きゅうそく》な減少も深刻《しんこく》です。二〇〇七年十二月、インドネシアのバリ島で開《かい》催《さい》された温暖化防止会議[*111]でも、焦点《しょうてん》の一つとなりました。

世界の森林は、今、危機《きき》的な状況《じょうきょう》にあります。たとえば、地球上の三分の一の酸素を排出《はいしゅつ》し、「地球の肺《はい》」と呼ばれるアマゾンの熱帯雨林《ねったいうりん》は、世界自然保護基金《ほごききん》（WWF）の報告書[*112]によりますと、二〇三〇年までに、約六割が消失《しょうしつ》してしまう可能性があるとされています。

ブラジルSGIでは、アマゾンの環境の保全《ほぜん》と研究のために、「アマゾン自然環境保護《ほご》センター」を設置《せっち》し、創価大学自然環境研究センター、アマゾナス州環境科学技術局と共同で、植林《しょくりん》プロジェクトなどを推進《すいしん》してきました。

ブラジルの北部マナウスにある同センターは、ブラジル環境省、同連邦《れんぽう》森林保護院から「『自然遺産《いさん》』私有《しゆう》保護林」の認定《にんてい》を受けるなど、環境保護運動の模範《もはん》として表彰《ひょうしょう》されています。

マナウスは、アマゾン河の本流《ほんりゅう》であるソリモンエス川と、支流《しりゅう》であるネグロ川が合流《ごうりゅう》する地点から、十六、七キロほどネグロ川の上流にあります。

張　実は、アマゾン河の中流に位置するマナウスは、私も訪《おとず》れたことがあります。マナウスは、アマゾンの河口《かこう》から千六百キロも離《はな》れているにもかかわらず、一万トンの汽船の遡航《そこう》が可能です。

一九七五年、私は世界銀行の招聘《しょうへい》で、アマゾンの河口に位置するベレンの熱帯農業研究所の顧問《こもん》に就任《しゅうにん》しました。その折《おり》、マナウスを訪問したのです。当時は、マナウスへとつながる道路がなかったため、私は飛行機で向かいました。

ブラジルSGIのアマゾン自然環境保護センター全景（上）と、同センター内にある池田環境研究所（下）
©Seikyo Shimbun

二十世紀初頭《しょとう》、マナウス近郊《きんこう》は天然《てんねん》ゴムの生産《せいさん》が盛《さか》んで、アメリカのフォード社がゴムの木の伐採《ばっさい》に巨額《きょがく》の投資《とうし》をしていました。そして、労働者の生活の気分転換《てんかん》のために、近代的なオペラハウス等の施設《しせつ》を建設しました。

ところが、一九一五年にアマゾン流域《りゅういき》のゴムの木が病害《びょうがい》に見舞《みま》われたことで、ゴムの木の栽培《さいばい》は再起不能《さいきふのう》になりました。東南アジア地域は、これに類《るい》する病害がなかったため、これにとって代わるかたちで世界のゴム生産の中心となったのです。

ともあれ、アマゾンの森林伐採は、生態系《せいたいけい》に深刻《しんこく》な問題をもたらしています。二〇〇四年の一年間で、二万六千平方キロもの森林が伐採されました。これは、主《おも》に大豆《だいず》の栽《さい》培《ばい》や木材の輸出のためで、その木材の約四十パーセントがヨーロッパに、三分の一がアメリカに、十四パーセントが中国に、それぞれ売られました。そのアマゾンで、SGIが植林《しょくりん》計画を推進《すいしん》してこられたことは、実に有意義《ゆういぎ》な貢献《こうけん》です。

池田　「木を植《う》える」ということは、「生命を植える」ことにも通じると私は考えてきました。インドのアショカ大王[*113]は、ダルマ（法）の実践《じっせん》として、民衆や動物のために多くの街路樹《がいろじゅ》を植え、マンゴーの木も栽培しました。植樹は、人類《じんるい》が地球環境の向上《こうじょう》に貢献できる大切《たいせつ》な営為《えいい》の一つであると言えるでしょう。

二〇〇五年の二月、私は、アフリカに三千万本もの木を植えた「グリーンベルト運動」のリーダーで、ケニアの「環境の母」であるワンガリ・マータイ博士[*114]と語り合いました。

博士は、ＳＧＩの環境への貢献に触《ふ》れて、運動の根本《こんぽん》に、「生命を大切《たいせつ》にする思想」「自然を大切にする思想」、そして「人間の生命と社会を大切にする思想」があることを、高く評価《ひょうか》しておられました。

会見では、博士や私の若き日の夢、そして環境への思いなども話題となりました。実は、私には、少年時代に二つの夢がありました。一つは、新聞記者になること、そしてもう一つは、日本中の駅に、大好きな桜《さくら》の木を植えることでした。しかし当時は、今日のように自然破壊《はかい》が進んでしまうとは、誰《だれ》も想像できませんでした。

張理事長が環境問題を研究されるようになったのは、どのようなきっかけからでしょうか。

経済発展と公害問題

張　私は地理が専門《せんもん》ですが、地理学は自然の資源《しげん》の問題とも深く関《かか》わりがあります。それで、環境問題を深く研究するようになったのです。

自然地理の分野《ぶんや》で、最も得意《とくい》とするのは気候学《きこうがく》です。また人文《じんぶん》地理の分野で最も興味《きょうみ》をもっているのは、世界各国の経済発展と地縁《ちえん》政治です。

私は、一九六八年と一九七二年に、二冊の英文著書《ちょしょ》を著《あらわ》しました。『気候と農業』および『大気の循環《じゅんかん》システムと気候』と題する著書は、いずれも米国の大学で教科書として採用されました。

温室効果《おんしつこうか》ガスが引き起こす気候の変化は、気候学の重要《じゅうよう》な課題《かだい》です。また、経済地理分野における研究の内容は、農業、林業、漁業、牧畜《ぼくちく》、鉱業《こうぎょう》、工業、インフラ建設等の問題を包括《ほうかつ》するものです。

さきほどの水質汚染《おせん》などのように、経済発展は、常《つね》に環境の汚染をもたらします。一般的《いっぱんてき》に言うならば、発展途上国《とじょうこく》が抱《かか》える問題は、先進国よりもさらに深刻《しんこく》です。

最近の報告によりますと、中国では毎年、一億九千万もの人々が、非衛生的《ひえいせいてき》な飲料水によって病気を患《わずら》っています。また、中国の石炭は、同国のエネルギーの七十パーセント前後を占《し》めており、深刻な大気汚染を引き起こしています。呼吸器系《こきゅうきけい》の疾病《しっぺい》は、中国農村部での死亡の主要な原因とされています。

日本でも、かつて深刻な金属《きんぞく》汚染による公害――「水俣病《みなまたびょう》」が起こりました。一九五〇年代、日本の水俣市で、メチル水銀を含《ふく》んだ工業廃水《はいすい》が海に流れ出し、住民は高濃《こうのう》度《ど》の水銀を含んだ魚介類《ぎょかいるい》を食べたため、言語障害《しょうがい》、歩行困難、全身麻痺《まひ》、聴覚《ちょうかく》障害、視力障害等の疾病を患いました。

このほか、新潟《にいがた》の「第二水俣病」、富山・神通川流域《じんづうがわりゅういき》の「イタイイタイ病」、そして三重県四日市《よっかいち》の「四日市喘息《ぜんそく》」など、四大公害病が発生しました。

これらの公害は、一九六七年、世界に先駆《さきが》けて、日本に「公害対策《たいさく》基本法」の制定《せいてい》を促《うなが》すことになりましたね。

池田　ええ。多くの人々を犠牲《ぎせい》にし、甚大《じんだい》な被害《ひがい》を与《あた》えたこれらの公害に対して、企《き》業《ぎょう》の倫理《りんり》と責任、そして行政《ぎょうせい》のあり方が、厳《きび》しく問われました。しかし、残念なことに、被害者をはじめご家族の方々の苦しみと戦いは、今なお続いているのです。

私ども創価学会も、さまざまな団体と協力し、各地の公害の撲滅《ぼくめつ》と患者《かんじゃ》の方々の支援《しえん》のために活動してきました。そして、患者の方々一人ひとりを励《はげ》まし、生きる希望《きぼう》と勇気を、ともに分かち合ってきました。

そうした公害の悲劇《ひげき》を、再び繰《く》り返《かえ》しては絶対にならない。その切実《せつじつ》な思いが、私どもＳＧＩの環境運動の出発点にもなっています。

とりわけ日本は、過去の教訓《きょうくん》と経験、公害を乗《の》り越《こ》えるために培《つちか》ってきたノウハウと技術を、世界の国々と分かち合い、協力しゆく使命と責務《せきむ》があると思っております。それは、地球温暖化《おんだんか》の問題などについても同じです。

私が、二〇〇六年の秋、中国との包括的《ほうかつてき》かつ実質的な「日中環境パートナーシップ」の構築《こうちく》を提唱《ていしょう》し、また二〇〇七年のＳＧＩ提言《ていげん》において、「東アジア環境開発機構《きこう》」の創設《そうせつ》などを提言したのも、そうした思いの一端《いったん》にほかなりません。

日本は、本気になって、環境の分野《ぶんや》で、国際貢献《こうけん》のリーダーシップをとっていかねばならないと、私は思っております。

急がれる温暖化防止対策

張　国連《こくれん》の「気候変動《きこうへんどう》に関する政府間パネル（ＩＰＣＣ）[*115]」の第四次評価《ひょうか》報告書によりますと、過去百年（一九〇六年～二〇〇五年）で、世界の平均《へいきん》気温は、〇・七四度上昇《じょうしょう》しました。たとえば、チベット北西部は、この二十年間で気温が二・二度上昇しています。

世界の海水温も同時に上昇していますが、その主《おも》な原因は、人類《じんるい》が放出《ほうしゅつ》する二酸化炭素を主とする各種の温室効果《おんしつこうか》ガスの増加です。

地球温暖化は熱波《ねっぱ》ももたらします。たとえば、二〇〇三年の八月、南欧《なんおう》は、この五百年で稀《まれ》に見る高温に見舞《みま》われ、約三万五千人が死亡しました。

大西洋のハリケーンも、一九七〇年以降、全体の数こそ変わってはいないものの、猛《もう》烈《れつ》な規模《きぼ》のハリケーンが倍増《ばいぞう》しています。二〇〇五年には、大西洋で風速が秒速六十七メートル以上のハリケーンが三つも発生しました。中でも「カトリーナ」は、千三百人もの人命を奪《うば》うとともに、アメリカのニューオーリンズ市の沿海部《えんかいぶ》を水没《すいぼつ》させ、一千億ドルもの損害《そんがい》をもたらしました。

池田　甚大《じんだい》な被害《ひがい》に、世界の人々が大きな衝撃《しょうげき》を受けました。アメリカSGIでは、速《すみ》やかに災害対策《さいがいたいさく》本部を設置《せっち》し、赤十字をはじめさまざまな団体と協力し、青年部を中心に救援《きゅうえん》活動などに取り組みました。

私も、ニューオーリンズ市をはじめ、アメリカ南東部地域の人々が、一日も早く完全復興《ふっこう》を遂《と》げられるようにと、仏法者として深く祈《いの》ってきました。

こうした災害からの復興には、行政《ぎょうせい》をはじめ、あらゆる分野において大変な努力と取り組みが求められます。

どの国や地域も、こうした問題と無関係ではなくなってきています。

張　私も、まったく同じ思いです。

地球温暖化《おんだんか》がもたらす、悪《あ》しき結果には、海面水位《かいめんすいい》の上昇《じょうしょう》もあります。温暖化は海水の膨脹《ぼうちょう》をもたらしますが、より重要《じゅうよう》なのは、さきほども触《ふ》れたように、南極や北極、アラスカや高山《こうざん》の氷河《ひょうが》が融《と》けてしまうことです。

過去五十年における海面水位の上昇は、年に約一・八ミリメートルでしたが、一九九三年から二〇〇三年までの年間平均上昇は三・一ミリメートルで、二一〇〇年には、さらに一メートル上昇するという予測《よそく》もあります。

海水面の上昇により、多くの小さな島々が水没《すいぼつ》を余儀《よぎ》なくされるだけでなく、沿海《えんかい》地域の氾濫原《はんらんげん》（洪水《こうずい》の時に河川《かせん》の水が溢《あふ》れ出《だ》す範囲にある平野部分）に暮《く》らす世界の二億の人口がその影響《えいきょう》を受けることになります。

池田　先日、太平洋に浮かぶ島国・キリバスの政府が、水没の危機《きき》から逃《のが》れるため、十万人の国民を移住《いじゅう》させる計画を本格的に検討《けんとう》し始めたと報道されていました（二〇〇七年九月）。地球温暖化の問題は、まさに一刻《いっこく》を争《あらそ》う問題となっています。

融解のため崩落する氷河（アラスカ）　©SplashdownDirect/Rex Features/PPS

私は、二〇〇二年の六月、太平洋に浮かぶパラオ共和国のレメンゲサウ[*116]大統領《だいとうりょう》とお会いし、温暖化の問題についても語り合いました。海面水温の上昇と、潮位《ちょうい》の上昇が、いかにパラオの自然環境を破壊《はかい》し、人々の生活に大きな脅威《きょうい》を与《あた》えているか、大統領は真剣《しんけん》に訴《うった》えておられました。

世界気象機関《きしょうきかん》（WMO）は、二〇〇六年の温室効果《おんしつこうか》ガスの濃度《のうど》が、一九八三年に統《とう》計《けい》を開始して以来、最高値《さいこうち》を記録したと発[*117]表しました。温暖化という現実《げんじつ》は容赦《ようしゃ》なく、確実に進行していることを、さまざまなデータが物語っています。

張　その影響は、さらに①海水の酸化《さんか》による有殻類《ゆうかくるい》など水産物への影響、②世界の大多数の地域の穀物生産量《こくもつせいさんりょう》の減少、③生物の多様性《たようせい》の減少、④人類《じんるい》の疾病《しっぺい》の増加など、さまざまな悪影響《あくえいきょう》を与《あた》えます。

池田 ご指摘《してき》のとおりです。現在、二酸化炭素の排出《はいしゅつ》の削減《さくげん》や新エネルギーの技術開発をはじめ、さまざまな対策《たいさく》が急がれていますが、コストの問題を含《ふく》め、課題《かだい》が山積《さんせき》していますね。

張 ええ。主《おも》な二酸化炭素の発生源は石炭、石油、天然《てんねん》ガスの燃焼《ねんしょう》ですが、二次的要《よう》因《いん》は熱帯雨林《ねったいうりん》の破壊《はかい》です。

温室効果《おんしつこうか》ガスを減少させるため、世界各国は、今まさに風力、太陽光、波力《はりょく》、地熱《ちねつ》、バイオマス*118の開発に力を注《そそ》いでいます。しかしながら、これらのエネルギーの総量は限られたものであるうえに、費用《ひよう》もかさむため、抜本的《ばっぽんてき》な問題の解決とはなり得ません。

一九九七年、国連環境計画は、「京都議定書《ぎていしょ》」*119を採択《さいたく》し、世界各国に温室効果ガスの排出量の削減を求めました。議定書は、二〇〇八年から二〇一二年の間に、排出量を先進国全体で一九九〇年より五・二パーセント削減することを義務《ぎむ》づけていますが、顕著《けんちょ》な効果は見られず、とくにアメリカは議定書への調印《ちょういん》も拒否《きょひ》しました。(=二〇〇九年十二月の第十五回締約国《ていやくこく》会議で、アメリカを含め多くの国が独自の削減目標を示したが、新《あら》たな議定

書の採択には至《いた》らなかった）

地球温暖化《おんだんか》の影響を最も被《こうむ》るのは、アフリカなどの貧しい国々なのですが、アフリカ諸国が排出する温室効果ガスは、最も少ないのです。人類が心と力を合わせてこの問題に取り組まない限り、人間と自然との平和的共存《きょうそん》は、絵空事《えそらごと》となってしまうでしょう。

人々の意識《いしき》と行動の変革《へんかく》を

池田 「気候変動《きこうへんどう》に関する政府間パネル（ＩＰＣＣ）」は、さきの報告書[120]で、二十一世紀末の世界の平均気温は一九九〇年比で一・一度から六・四度の幅《はば》で上昇《じょうしょう》すると予測《よそく》しました。そして、一・五度から二・五度の温度上昇で、地球上の生物種の実に二割から三割が、絶滅《ぜつめつ》の危機《きき》に晒《さら》されると推定《すいてい》しています。

まさに今、行動を起こさなければ、永遠に手遅《ておく》れになってしまうのです。

ドイツのシューマッハー博士[121]は、名著《めいちょ》『スモール・イズ・ビューティフル』の中で、「未来を語ることに意味があるのは、現在の行動に結《むす》びつくときだけである」（小島慶三・酒井懋《つとむ》訳、講談社）と述べています。

張理事長がおっしゃるように、今こそ、人類《じんるい》が心を合わせ、各国が協力して行動していかなければ、大変な災禍《さいか》を招《まね》くことになります。

その試金石《しきんせき》となるのが、地球温暖化《おんだんか》をめぐる二〇一二年以降の「ポスト京都議定書《ぎていしょ》」の枠組《わくぐ》みづくりに、どれだけ多くの国が参加するかです。

そして、国際的な協力体制をどう築《きず》いていけるか、知恵《ちえ》と工夫《くふう》が問われるところです。

今、私たち人類に求められているのは、いたずらな悲観《ひかん》主義ではなく、人々に希望《きぼう》と勇気と力を与《あた》えていける、責任のある不屈《ふくつ》の楽観《らっかん》主義です。


張　そう思います。父のモットーの一つも、「苦難《くなん》に遭《あ》うことで、ますます努力に励《はげ》み、失敗を除《のぞ》きつつ、ますます前進し、その結果、前に定めた志《こころざし》が、のちに功《こう》となって現《あらわ》れる。ゆえに苦悩《くのう》が多ければ多いほど、成功も大きい」でした。

父は楽観的な人でした。どんな困難に直面《ちょくめん》しても絶対に挫《くじ》けない。断《だん》じて乗《の》り越《こ》えようと挑戦《ちょうせん》した人でした。

耐《た》え忍《しの》ぶことこそが、建設の力です。挫折《ざせつ》に遭うたびに気落ちしているようでは、あと一息で成功というところで失敗してしまいかねません。

父は常々《つねづね》、曾子《そうし》*122の「士《し》は以《もっ》て弘毅《こうき》ならざるべからず。任《にん》重くして道遠し」（士人《しじん》はおおらかで強くなければならない。任務は重くて道は遠い）という言葉を引用していました。

池田　あらゆる艱難辛苦《かんなんしんく》を乗《の》り越《こ》え、前へ前へと進み抜《ぬ》かれた父上の信念《しんねん》に、心からの感動を禁《きん》じ得《え》ません。

地球社会を、従来《じゅうらい》の大量消費《しょうひ》社会から、持続《じぞく》可能な発展社会へと転換《てんかん》していく――この難事《なんじ》を成《な》し遂《と》げていくには、やはり世界の人々が意識《いしき》を変え、心から納得《なっとく》して協力し、行動していく以外にありません。どれほど優《すぐ》れた政策《せいさく》や運動であっても、人々の共感と支持《しじ》なくしては、決して成功は望《のぞ》めないからです。

ですから、私たちＳＧＩは、世界各地で環境展やセミナーなどを開催《かいさい》し、草の根の環境教育の推進《すいしん》にも力を入れてきました。

4　世界市民と環境教育

環境問題への先駆的《せんくてき》な取り組み

張　今、どうすれば世界の国々が、地球環境の向上《こうじょう》のために、協調《きょうちょう》していくことができるか。人類《じんるい》の英知《えいち》が問われています。これまで、地球上の資源《しげん》問題についても少し触《ふ》れましたが、水資源の不足は農業の生産《せいさん》に影響《えいきょう》を与《あた》え、石油は交通や工業の発展に影響を与えます。アメリカの地質《ちしつ》学者ハバート[*123]の理論に基《もと》づきますと、一つの油井《ゆせい》の掘《くっ》削《さく》後の生産量は、徐々《じょじょ》に増加し、その掘削が半分に達した時点でピークとなり、その後は下降線《かこうせん》を辿《たど》ります。

この理論は、世界の石油の総生産量にも応用《おうよう》が可能で、世界の石油産出量は、すでにピークに達しているか、あるいはピークに近づきつつあります。したがって、石油価格の持続《じぞく》的高騰《こうとう》は、必至《ひっし》と言えます。今後、石油の高騰は避《さ》けがたいものになっていくという問題もあります。

池田　張理事長が、かねがね警告《けいこく》してこられたように、石油価格の高騰は、世界の人々の生活に大きな打撃《だげき》を与えます。石油資源をもたない日本にとっても、まことに切実《せつじつ》な問題です。

いずれにせよ、地球温暖化《おんだんか》やエネルギー問題をはじめ、当面の打開策《だかいさく》とともに、地球的課題《かだい》の解決のために、長期的な視野《しや》に立ち、これまでのライフスタイルのあり方を、根本《こんぽん》から問い直していくべき時代に入っています。

貴・中国文化大学でも、張理事長のリーダーシップのもと、いち早く環境問題の啓発《けいはつ》と教育を、積極的に推進《すいしん》してこられました。その先駆的《せんくてき》な取り組みは、内外から高く評価《ひょうか》されるところです。

張　ありがとうございます。

わが大学では、他大学に先駆《さきが》けて、緑化《りょっか》建築《けんちく》の推進、資源回収《かいしゅう》とゴミの減量《げんりょう》の定《てい》着化《ちゃくか》、環境保護《ほご》食器の使用の呼びかけ、キャンパスの太陽エネルギーを使用した照明《しょうめい》設備《せつび》の設置《せっち》など、教員と学生が一体となって、地球環境にやさしいキャンパスづくりに取り組んできました。

また、再生資源《さいせいしげん》を使った芸術展《げいじゅってん》の開催《かいさい》、使用済《ず》み電池の回収《かいしゅう》や、環境保護《ほご》のポスターキャンペーンの実施《じっし》、環境映画の観賞会《かんしょうかい》など、さまざまなイベントを通して、学生の環境意識《いしき》の向上《こうじょう》にも努力しています。

華林《かりん》キャンパスにある森林の大半《たいはん》は、もともと廃業《はいぎょう》となった茶園《ちゃえん》を広葉林《こうようりん》に変えたものですが、柳杉《やなぎすぎ》、台湾アカシアなどの天然林《てんねんりん》にも恵《めぐ》まれ、稀少《きしょう》な動植物が数多く生息《せいそく》しています。現在、わが大学の森林保護学部が、その管理《かんり》の一端《いったん》を担《にな》うなど、行政《ぎょうせい》とも共同して、自然環境の保護に貢献《こうけん》しています。

こうした草の根レベルでの取り組みに加え、各国は資源利用の効率《こうりつ》を、さらに高める努力を行《おこな》っていく必要があります。

環境教育は地球市民への必須《ひっす》条件

池田　そうですね。これは、先進国《せんしんこく》が責任をもってリーダーシップをとっていくべきでしょう。

資源利用の効率化については、二〇〇七年の十二月、アメリカが三十二年ぶりに「エネルギー新法」を成立させ、エネルギーの効率化対策《たいさく》に乗り出すなど、世界に新《あら》たな動

ムベキ大統領と再会した池田SGI会長（2001年10月1日、東京）©Seikyo Shimbun

きが出てきました。

先進国と途上国《とじょうこく》の間には、技術力などに大きな開きがあるのが現実《げんじつ》です。国際社会は、途上国が資源の効率化を促進《そくしん》できるよう、さらなる技術や資金の提供《ていきょう》など、より重層的《じゅうそうてき》に支援《しえん》を進めていくべきです。

張　深刻《しんこく》なのは、グローバル化が、世界の文化と経済の発展を加速《かそく》させる一方、貧富《ひんぷ》の差を拡大《かくだい》させていることです。

二〇〇二年、南アフリカのヨハネスブルクでのサミットにおいて、南アフリカのムベキ大統領《だいとうりょう》*68は「世界は貧困《ひんこん》、低開発、不平等、生態《せいたい》環境の悪化という陰影《いんえい》に覆《おお》い尽《つ》くされている。この貧しい海が一つの富裕《ふゆう》な孤島《ことう》を取り囲んでいるのにも似《に》た世界が、持続可能《じぞくかのう》な発展を続けることは不可能である」と宣言しました。これこそ、人類《じんるい》が直《ちょく》面《めん》する最大の試練《しれん》と言えるでしょう。

池田　おっしゃるとおりですね。

マンデラ大統領《だいとうりょう》[*66]の後継者《こうけいしゃ》であるムベキ大統領とは、アフリカ・ルネサンスのビジョンを語り合ったことが、懐《なつ》かしく思い起こされます。

国連開発《こくれんかいはつ》計画[*124]は「人間開発報告書」（二〇〇七年～二〇〇八年）の中で、地球温暖化《おんだんか》で最も深刻《しんこく》な打撃《だげき》を受けるのは、貧困層《ひんこんそう》であると警鐘《けいしょう》を鳴らしました。環境の悪化は、貧《ひん》富《ぷ》の格差《かくさ》を拡大《かくだい》し、貧困層を、さらに固定化《こていか》させてしまう恐《おそ》れがあります。貧困問題は、政治や経済の問題であると同時に、環境や平和の問題であり、深刻な人道《じんどう》問題でもあります。

張　まったく同感です。

今日におけるグローバルな課題《かだい》や地域的な重要《じゅうよう》問題に対処《たいしょ》するためには、世界各国が共同参画《さんかく》して政策《せいさく》を制定《せいてい》し、それを実施《じっし》する必要があります。

温室効果《おんしつこうか》ガスについても、アメリカと中国という二つの最大排出国《はいしゅっこく》が心を同じくして協力し合い、その能力を尽《つ》くさない限り、地球温暖化の問題を緩和《かんわ》することは不可能です。

池田　二〇〇七年十一月、イギリスは、世界初の「気候変動法《きこうへんどうほう》」を公表し、議会に提《てい》出《しゅつ》しました。これは、二〇五〇年までに、法的拘束力《こうそくりょく》のある「温室効果ガスの削減《さくげん》目標」を、一九九〇年比で六十パーセントにするというものです。

こうした思い切った環境政策を実行するためには、国民の理解と支持が欠《か》かせません。ドイツや北欧《ほくおう》諸国なども、非常に厳《きび》しい環境政策を実施《じっし》していますが、それが可能なのは、国民の高い環境意識《いしき》と支持があるからではないでしょうか。

張　そうですね。たとえ先進的な政策であっても、経済界や産業界、また国民の支持と理解が得《え》られなければ、実行できません。それどころか、政府そのものが、政権《せいけん》を維持《いじ》できなくなります。

池田　人々の高い環境意識を形成するためには、「なぜ、地球環境を大切《たいせつ》にしなければならないのか」――つまり、環境と人間の密接《みっせつ》な関係性について、一人ひとりが真摯《しんし》に向き合うことが必須《ひっす》条件となります。それは、地球と人間生命の存在そのものをも、深く問い直すことになります。

その意味で、環境教育は、すべての人々が、あらゆる分野《ぶんや》で、世界市民としての行動規範《きはん》や資質《ししつ》を身につけるための大切《たいせつ》な〝要《かなめ》〟であると、声を大にして訴《うった》えていかねばなりません。

「地球憲章《けんしょう》」の理念《りねん》と哲学《てつがく》

張　そのとおりです。

私ども中国文化大学では、二〇〇五年の三月、台湾創価学会との共催《きょうさい》で、「自然との共生《きょうせい》――地球憲章《けんしょう》と人間の可能性」と題する展示会《てんじかい》を開催《かいさい》しました。

「地球憲章」は、これからの世界市民が規範とすべき指標《しひょう》であり、その精神を学んでいくことは、学生にとっても、非常に意義《いぎ》のあることと思っております。

池田　展示会の開幕式《かいまくしき》は、張理事長のご出席のもと盛大《せいだい》に開催され、大きな反響《はんきょう》を呼んだとうかがっております。

「地球憲章」は、各国の政府の代表や識者《しきしゃ》、市民団体をはじめ、多くの人々が参加し、人類《じんるい》が共有すべき「行動規範」を謳《うた》ったものです。私も、地球憲章委員会のゴルバチョフ[*7]・ソ連元大統領《だいとうりょう》や、スティーブン・ロックフェラー[*125]教授の要請《ようせい》を受けて、草案《そうあん》への所感《しょかん》を寄せました。こうした啓発《けいはつ》を、大学や教育の機関をはじめ、草の根のレベルにお

中国文化大学で開催された地球憲章展の開幕式（2005年3月3日）©Seikyo Shimbun

いても、粘《ねば》り強《づよ》く行《おこな》っていくことがますます重要《じゅうよう》です。

張　「地球憲章」は、実に多くの人々の努力と、長年にわたる起草《きそう》作業を経《へ》て、二〇〇〇年にようやく完成したものですね。

「地球憲章」には、こう謳われています。

「私たちが未来に向かって前進するためには、自分たちが、素晴《すば》らしい多様性《たようせい》に満《み》ちた文化や生物種と共存《きょうそん》する、ひとつの人類家族であり、地球共同体《きょうどうたい》の一員であるということを認識《にんしき》しなければならない」

「私たちは互《たが》いに、より大きな生命の共同体に、そして未来世代に対して、責任を負《お》うことを明らかにすることが必要不可欠《ふかけつ》である」（『地球憲章――持続可能な未来に向けて

の価値と原則』地球憲章推進日本委員会、ぎょうせい）

現代の社会は、物質主義的・合理主義的な立場から、自然を搾取《さくしゅ》し、利用することを当然としてきました。しかし「地球憲章《けんしょう》」は、こうした人間の傲慢《ごうまん》な姿勢《しせい》を、根本《こんぽん》から改めることを求めています。

池田 私の胸中《きょうちゅう》には、偉大《いだい》な地理学者であられた、張理事長の父上の先見《せんけん》が、蘇《よみがえ》ってまいります。父上は、人間と自然の関係について、こう述べておられました。

――〝人〟と〝地〟との関係は、相互的《そうごてき》なものであり、人間は環境においては、一方では受動的《じゅどうてき》であり、他方では能動的《のうどうてき》である。その両面を観察しなければ、真実を得《え》ることはできない、と。

牧口初代会長も、『人生地理学《じんせいちりがく》』の中で、人間と自然が、いかに相互に影響《えいきょう》を与《あた》え合《あ》う関係にあるかを、詳細《しょうさい》に論じています。

父上はまた、「地」と「人」の関係について、過去、現在、未来という視点《してん》から考察《こうさつ》することの重要性《じゅうようせい》も訴《うった》えておられますね。

張 ええ。父は、人と地の関係は〝相互的な関係〟であると同時に、〝継続的《けいぞくてき》な関係〟であることを強調していました。

父は、この点について、こう述べています。
「今日における諸々《もろもろ》の地理的現象《げんしょう》が、かくの如《ごと》きものであるのは、一朝一夕《いっちょういっせき》ではなくして、その由来《ゆらい》は遠くにまで遡《さかのぼ》ることができる」
そして、その変遷《へんせん》を観察し、研究することで「地理的現象は、いずれも関係性と由来性とを有《ゆう》し、単独《たんどく》で存在し、かつ偶然《ぐうぜん》に生じたものではないことがわかる」「過去を明らかにすることにより、未来をつぶさに予見《よけん》することができる」と洞察《どうさつ》していました。

池田 仏法も、森羅万象《しんらばんしょう》を、空間的な相関性《そうかんせい》とともに、過去、現在、未来という時間軸《じく》――因果《いんが》関係でとらえます。人類《じんるい》社会の〝持続《じぞく》可能な発展〟への方途《ほうと》を探求するうえでも、過去から未来へ、地球環境が、どのような変化を遂《と》げようとしているのかを知らねばなりません。その視座《しざ》なくして、現在の行動も起こせません。

張 そのとおりですね。牧口会長と父はいずれも、人間と自然との関係は、人類文明の進歩や環境の変化によって、互《たが》いに影響を与え、変わっていくことを、よく理解していたと思います。
人類は智慧《ちえ》を駆使《くし》しつつ、我々が直面《ちょくめん》する問題を解決せねばなりません。過去においてもそうしてきましたし、現在においては、なおさらそうあるべきです。

地理学者や環境学者の間には、二つの大きな派閥《はばつ》が存在しました。一つは環境決定主義で、もう一つは可能主義です。

前者は、環境は人間の活動に対して絶対的な制約性《せいやくせい》を有《ゆう》するとするもので、後者は人間の智慧《ちえ》は環境の限界《げんかい》を制御《せいぎょ》し得《う》る、つまり「人間は天に勝つことができる」とするものです。その実《じつ》、人間と自然の関係は、問題によってそれぞれ異《こと》なり、いずれの主義も、それをもってすべてを説明することは不可能です。

人間と環境は本来《ほんらい》、一体不二《ふに》

池田　同感です。「人間」と「自然」の関係は、相互《そうご》に影響《えいきょう》を与《あた》え合《あ》うものであり、どちらかが他方を制御し、支配《しはい》するというものではありません。

さきほどの「地球憲章《けんしょう》」の前文も、こう謳《うた》っています。「人類《じんるい》は広大な、進化しつつある宇宙の一部である」――と（前掲『地球憲章』）。

仏法においても、人間と自然は、「小宇宙」と「大宇宙」の関係にあり、本来《ほんらい》、一体であると説きます。

ゆえに、地球環境を傷つけ、破壊《はかい》することは、結局は自身を傷つけ、災《わざわ》いをもたらすことになる——こう気づけば、人間が環境を破壊することなど、本来《ほんらい》、できないはずです。

カナダの著名な環境保護《ほご》活動家であるデーヴィッド・スズキ氏[*126]は、語っています。

「自分自身がこの生命の広がりの一部なのだと自覚《じかく》すると、ほかのすべての生き物と自分自身との親密《しんみつ》さを感じることができ、とても元気がわいてきます」（『ライフ・ストーリーズ』ヘザー・ニューボルド編、浜本哲郎訳、シュプリンガー・フェアラーク東京）

すばらしい言葉です。どんな生き物であろうと、それは私たち人間と同じように、約三十八億年前、この地球上に誕生《たんじょう》した生物の遺伝子《いでんし》を受《う》け継《つ》ぐ子孫《しそん》です。どんな植物や小さな虫であっても、生物学的につながっているのです。

張　その観点《かんてん》は、荘子《そうし》[*127]の「斉物論《せいぶつろん》」にある「天地も我《わ》れと並《なら》び生《しょう》じ、而《しか》して万物《ばんぶつ》も我れと一たり」（天地の長久《ちょうきゅう》もわが生命とともにあり、万物の多様《たよう》もわが存在と一体である）の思想と同じだと言えますね。

池田　おっしゃるとおりです。この中国の生命観は、「地球憲章」の基盤《きばん》にある共生《きょうせい》と調和《ちょうわ》の思想とも、通底《つうてい》していると言えます。

これらの思想はまた、仏法の哲学《てつがく》とも、深く響《ひび》き合《あ》っています。

以前にも紹介《しょうかい》しましたが、仏法では、人間と環境のあり方を「依正不二《えしょうふに》」[*45]の法理《ほうり》として説いています。「依正」とは「依報《えほう》」と「正報《しょうほう》」の意味であり、「正報」を人間自身とすると、「依報」は環境に当たります。不二は「而二不二《ににふに》」であり、二者は根底《こんてい》においては一体であるがゆえに、現象面《げんしょうめん》では相互《そうご》に関連し、相互に影響《えいきょう》を与《あた》え合《あ》っているということです。

「依正不二」論を含《ふく》む仏法の「縁起《えんぎ》」の思想では、宇宙における森羅万象《しんらばんしょう》は、相互依《い》存《ぞん》の関係にあり、なに一つとして、独立《どくりつ》して存在できるものはないと説くのです。

アメリカの民衆詩人ホイットマン[*128]は、その真理を直感的に洞察《どうさつ》し『草《くさ》の葉《は》』の中で、こう歌っています。

「すべてのものが相互に関連し合い、それでいて各々《おのおの》が、明らかに独自《どくじ》の場所にある」

「僕《ぼく》は疑わない、世界の荘厳《そうごん》さと美しさは、この世のいかなる微小《びしょう》なものにさえ存在することを」――。

人類《じんるい》は、こうした視座《しざ》に立ち返ることで、地球生命体の一員としての使命と責任をあらためて自覚《じかく》し、大自然と共生《きょうせい》しゆく道を開いていくべきではないでしょうか。

創価大学を訪問し、学生たちの歓迎を受けるマータイ博士（2006年2月17日）
©Seikyo Shimbun

「もったいない」の精神と自己変革《じこへんかく》

池田　ワンガリ・マータイ博士は、日本語の「もったいない」という言葉に共感を示《しめ》され、こう語られています。

「『もったいない』という言葉には、自然を尊敬《そんけい》する精神、有限《ゆうげん》な資源《しげん》を効率的《こうりつてき》に活用する精神が含まれています」と（『聖教新聞』二〇〇五年二月二十日付）。

　自然を搾取《さくしゅ》するのではなく、自然の恵《めぐ》みに心から感謝《かんしゃ》する。この精神には、自《みずか》らの貪欲《どんよく》を制御《せいぎょ》しつつ、大自然とともに生きる豊かな知恵《ちえ》が溢《あふ》れています。

張　古代中国の帝政《ていせい》時代や農業時代においては、まさに墨子《ぼくし》*129が言うように、「節倹《せっけん》ならば則《すなわ》ち昌《さか》え、淫逸《いんいつ》ならば則ち亡《ほろ》ぶ」でありました。
工業時代、情報化時代に入った現在も、節約《せつやく》が美徳《びとく》の一つであることに変わりはありません。

池田　仏典《ぶってん》にも、「知足即《ちそくすなわ》ち安楽《あんらく》」であり、「不知足即《ふちそく》ち貧《まず》し」と説かれています。つまり、自己《じこ》の「貪欲《どんよく》」などの煩悩《ぼんのう》を制御《せいぎょ》し、そこに充足《じゅうそく》と安楽を見いだす境地《きょうち》が、幸福であると教えています。逆に、いくら物質的に恵まれていても、足《た》ることを知らない人は不幸です。

確かなことは、地球はもはや、人類《じんるい》の際限《さいげん》のない欲望《よくぼう》、すなわち貪欲に応《こた》えることはできないということです。

張　著名《ちょめい》な生物学者E・O・ウィルソン[*130]博士の試算《しさん》に基《もと》づきますと、仮《かり》にもし、人類がアメリカ人と同様の生活水準《すいじゅん》を享受《きょうじゅ》しようとするならば、地球が四つ必要となります。それで初めて、世界の六十億あまりの人口を養《やしな》うことができるのです。

豊かな国の人々と、アフリカの多くの貧しい人々との生活の格差《かくさ》は、あまりにも大き過ぎます。仏教の「知足」の教えは、人類が持続《じぞく》可能な発展を求めるうえで必要な生き方です。

「小我《しょうが》」から「大我《たいが》」への転換《てんかん》

池田　そうです。この点について、トインビー博士は、私との対談で、遺言《ゆいごん》の如《ごと》く語っておられました。

「われわれが当面《とうめん》する人為的《じんいてき》な諸悪《しょあく》は、人間の貪欲性と侵略《しんりゃく》性に起因《きいん》するものであり、いずれも自己中心性から発《はっ》するものです。したがって、これらの諸悪を退治《たいじ》する道は、自己中心性を克服《こくふく》していくなかに見いだせるはずです」（「二十一世紀への対話」『池田大作全集』第三巻所収、聖教新聞社）

さらにまた「私のいう〝自己超克《ちょうこく》〟とは、人間が〝小我《しょうが》〟を〝大我《たいが》〟に統合《とうごう》させる道程《どうてい》において、自《みずか》らの〝小我〟につきまとう欲望《よくぼう》を克服することです」（同前）とも洞《どう》察《さつ》しておられた。「小我」とは、自己の欲望や利己心《りこしん》にとらわれた境涯《きょうがい》であり、「大我」とは、宇宙大の広々とした生命で、他者《たしゃ》に貢献《こうけん》しゆく生き方と言ってもいいかもしれません。

「小我」から「大我」への転換《てんかん》――これこそが、人類の諸《しょ》問題を克服しゆくための大きなカギであると思っております。

張　おっしゃるとおりですね。池田先生がトインビー博士と語り合われたように、人類《じんるい》の未来の幸福は、個々の人間が「小我《しょうが》」から「大我《たいが》」へと、境涯《きょうがい》を拡大《かくだい》していけるか否《いな》かにかかっていると言えます。

池田　仏法では、自《みずか》らの欲望《よくぼう》などに支配《しはい》された「小我」ではなく、他者《たしゃ》に尽《つ》くしゆく「大我」の人生《じんせい》を生《い》き抜《ぬ》くことの大切《たいせつ》さを明快《めいかい》に説き明かしています。

この美しい地球を、次の世代へと渡《わた》しゆくために、際限《さいげん》のない「貪欲《どんよく》」から脱却《だっきゃく》し、より創造的《そうぞうてき》な生き方へ大転換《てんかん》すべき時を迎《むか》えています。

「大我」には、他者の搾取《さくしゅ》ではなく他者に奉仕《ほうし》する慈悲《じひ》が光っています。差別《さべつ》ではなく平等な意識《いしき》が、また憎《にく》しみや不信ではなく信頼《しんらい》が、そして未来への希望《きぼう》の光がともなっております。

かつて、ローマクラブの報告書『成長の限界《げんかい》』を手がけた、高名《こうめい》なドネラ・H・メドウズ博士[*131]たちは、近年の著作《ちょさく》においても、こう鋭《するど》く洞察《どうさつ》されています。

「持続《じぞく》可能性革命《かくめい》は、何にもまして人間性の最も悪い部分ではなく、最も良い部分を表し、育てることができる社会的変革《へんかく》でなければならない」（『成長の限界 人類の選択』ドネ

アーノルド・J・トインビー博士と対談（1972年5月5日、イギリス・ロンドン）
©Seikyo Shimbun

ラ・H・メドウズ、デニス・L・メドウズ、ヨルゲン・ランダース著、枝廣淳子訳、ダイヤモンド社）と。

　人間の〝善性《ぜんせい》〟を薫発《くんぱつ》し、人間の無限の可能性を、個人から社会へと大きく開花《かいか》させゆく挑戦《ちょうせん》——すなわち、「人間革命」が、今こそ必要とされているのです。

張　父は、こう言っておりました。「革命の『命』とは『生命』を意味する。これは、旧《ふる》き生命を革《あらた》め、新《あら》たなる生命を創造《そうぞう》するということである。すなわち、人間の力が、世界をも、そして時代をも創造していけるということである。人間の尊厳《そんげん》もここにあり、教育の価値もここにある」と（前掲『張其昀先生文集』第十七巻）。

池田　父上の鋭《するど》い慧眼《けいがん》と偉大《いだい》な哲学《てつがく》に、あらためて深い感銘《かんめい》を覚《おぼ》えます。

人間の尊厳《そんげん》、生命の尊厳を打ち立てゆく教育の挑戦《ちょうせん》が、ここにあります。

トインビー博士は、こうも語っておられました。

「人類《じんるい》の生存に対する現代の脅威《きょうい》は、人間一人一人の心の中の革命《かくめい》的な変革《へんかく》によってのみ、取《と》り除《のぞ》くことができる」

そしてまた、「自己を超克《ちょうこく》する戦いは、一人一人の人間の行動のなかにある」（前掲「二十一世紀への対話」）と。

私たちは、青年とともに、人類の未来を、希望の未来へと輝《かがや》かせゆくために、一人ひとりがさらに行動してまいりたい。

そして、人間革命から地球革命への連帯《れんたい》の輪《わ》を、よりいっそう広げていきたいと願《ねが》っております。

第3章

教育の大道

1　大学創立《そうりつ》の精神と歴史

「知性《ちせい》の聖火《せいか》」のリレー

池田　「根深《ねふか》ければ則《すなわ》ち条茂《えだしげ》く　源《みなもと》遠ければ則ち流れ長し」——これは、張理事長の父上であられる張其昀《ちょうきいん》博士の故郷《こきょう》・浙江省《せっこうしょう》に縁《えにし》も深き、天台大師《てんだいだいし》[*28]の有名な言葉[*132]です。

私は、これまで、世界の数多くの大学と交流を結《むす》んできました。やはり、偉大《いだい》な発展を遂《と》げた大学には、〝創立の精神〟という根が深く張《は》られています。〝建学《けんがく》の源流《げんりゅう》〟から滔々《とうとう》たる伝統《でんとう》が受《う》け継《つ》がれていることを感じてきました。

二〇〇二年の三月一日、貴・中国文化大学で挙行《きょこう》された創立四十周年の記念式典《きねんしきてん》に、創価大学の代表団が参加させていただきました。

私は、その厳粛《げんしゅく》な式典の模様《もよう》を、深い感動をもってうかがったことを、今なお鮮明《せんめい》に覚《おぼ》えております。

中国文化大学創立40周年式典に創価大学代表団が出席（2002年3月1日、台北市）

張　私どもにとっても、創立四十周年の記念式典に、池田先生の名代《みょうだい》として、創価大学の代表団をお迎《むか》えしたことは、忘《わす》れ得《え》ぬ歴史です。

池田　その創立記念日の朝、大学構内《こうない》にある創立者・張其昀博士の墓所《ぼしょ》では、教員と学生が、建学の精神をともに継承《けいしょう》し、実現しゆくことを誓《ちか》う「薪火《しんか》の相伝《そうでん》」が行われました。それはそれは荘厳《そうごん》な儀式《ぎしき》であったと、皆《みな》が感嘆《かんたん》しておりました。

　まず張理事長が、おごそかに献花《けんか》を捧《ささ》げられ、明々《あかあか》と聖火《せいか》を灯《とも》された。その炎《ほのお》は、理事長から大学の首脳《しゅのう》の方々に、さらにまた各学院の院長へと、次々に手渡《てわた》されていきました。そして最後は、若き学生の代表が受《う》け継《つ》ぎ、凛々《りり》しく颯爽《さっそう》と「知性《ちせい》の聖火《せいか》」のリレーが行《おこな》われたとうかがっております。

大学にとって、創立の精神は、未来を照《て》らしゆく魂《たましい》の炎《ほのお》であり、常《つね》に立ち返るべき根本《こんぽん》の理念《りねん》です。貴大学には、その建学《けんがく》の精神を明々《あかあか》と掲《かか》げ、草創《そうそう》の労苦《ろうく》を厳然《げんぜん》と継承《けいしょう》しゆく、偉大《いだい》な伝統《でんとう》があります。

父上は、貴大学の創立時のご苦労を、次のように振《ふ》り返《かえ》っておられました。

「中国文化大学の創立に当たっては、『弘毅《こうき》』の二字、すなわち〝大いなる忍耐《にんたい》〟を片《かた》時《とき》たりとも忘《わす》れたことはなかった。堅忍不抜《けんにんふばつ》の心で、ひたすら成就《じょうじゅ》を目指《めざ》し、断《だん》じて毀誉褒貶《きよほうへん》によって志《こころざし》を曲げたりしなかった」と（前掲『張其昀先生文集』第十巻）。

貴大学の草創期《そうそうき》は「一本の草木《そうもく》、一個のレンガにいたるまで、すべて創立者が方法を講《こう》じて調達《ちょうたつ》した」とうかがっております。

まさに手づくりの大学建設だったわけですね。

張　おっしゃるとおりです。これまでにも話題となりましたが、中国文化大学の校訓《こうくん》である「質朴堅毅《しつぼくけんき》」という言葉は、孫文《そんぶん》*36先生の遺訓《いくん》でもあります。「質」は質実《しつじつ》、「朴」は素朴《そぼく》、「堅」は強靱《きょうじん》、「毅」は弘毅《こうき》を意味します。換言《かんげん》すれば、「質朴」は実事求是《じつじきゅうぜ》（事実に基《もと》づいて真実を求める）、「堅毅」は精益求精《せいえききゅうせい》（向上《こうじょう》に向上を重《かさ》ねる）ということになりましょう。

池田　すばらしい建学の理念《りねん》です。父上の深い思いが凝結《ぎょうけつ》していることがよくわかります。

「奉仕《ほうし》をもって指導と為《な》す」

張　孫文先生が、この「質朴堅毅」という言葉を初めて使われたのは、実は日本に滞在《たいざい》中《ちゅう》のことでした。孫文先生の「孫中山《ちゅうざん》」という号も、日本の「中山」という姓《せい》からとったという説があります。

わが大学の校歌に謳《うた》われている「華岡《かこう》の講学《こうがく》、中原《ちゅうげん》の道統《どうとう》を継承し」とは、すなわち儒家《じゅか》主流の思想を受け継ぐことであり、「陽明《ようめい》の風光《ふうこう》、革命《かくめい》の心伝《しんでん》に接《せっ》し」とは孫中山先生の革命精神を指《さ》します。

さらに校歌の一節《いっせつ》にある「博学《はくがく》、審問《しんもん》、慎思《しんし》、明弁《めいべん》」とは学問の道を示《しめ》し、すでに触《ふ》れられたように「天地の為《ため》に心を立て、生民《せいみん》の為に命を立て、往聖《おうせい》の為に絶学《ぜつがく》を継ぎ、万世《ばんせい》の為に太平《たいへい》を開く」とは、宋代《そうだい》の儒学者《じゅがくしゃ》・張載《ちょうさい》*42が説くところの学者の気高《けだか》き理想を意味しています。

池田　貴大学には、幾重《いくえ》にも奥深《おくぶか》い精神の水脈《すいみゃく》が流れ通《かよ》っています。

この校歌は、父上が作詞《さくし》されたものですね。「民衆の幸福に尽《つ》くしゆく指導者《しどうしゃ》たれ！」との烈々《れつれつ》たる気迫《きはく》と崇高《すうこう》な哲学《てつがく》が、生き生きと伝わってきます。

私は、かつて、創価大学の開学を記念して、一対《いっつい》のブロンズ像を贈《おく》りました。十九世紀フランスの彫刻家《ちょうこくか》アレクサンドル・ファルギエール*133の作品です。「天使《てんし》と鍛冶屋《かじや》」の像の台座《だいざ》には、「労苦《ろうく》と使命の中にのみ　人生《じんせい》の価値《たから》は生まれる」との言葉を、そして「天使と印刷工《いんさつこう》」の像の台座には、「英知《えいち》を磨《みが》くは何のため　君よ　それを忘《わす》るるな」との言葉を刻《きざ》み、贈りました。

創価大学は、何よりも庶民《しょみん》の幸福を願《ねが》って建設された、言わば「民衆立《みんしゅうりつ》」の大学です。ゆえに、わが創大生《そうだいせい》は、「何のため」という一点を見つめ、そして、尊《とうと》き使命を、自分らしく堂々《どうどう》と果《は》たしていってほしい——私は、学生たちに、そう一貫《いっかん》して訴《うった》えてきました。

張　そのお気持ちは、よくわかります。

きっと、父も同じ思いであったに違《ちが》いありません。

池田　父上は、貴大学の学風《がくふう》として、「難《なん》を畏《おそ》れず、改革《かいかく》を憚《はばか》らない」（同前）という

創価大学のブロンズ像除幕式（1971年4月2日）。天使と印刷工の像（左）と、天使と鍛冶屋の像（右）
©Seikyo Shimbun

高邁《こうまい》なる精神を挙《あ》げておられます。

さらにまた、大学建設に取り組む人々に対しては、「奉仕《ほうし》をもって指導と為《な》す」（同前）を肝《きも》に銘《めい》じるよう教えられています。

すなわち、すべての責任と苦労を自《みずか》らが担《にな》い、徹《てっ》して学生たちの面倒《めんどう》を見ていく――その奉仕の姿《すがた》をもって、青年を導《みちび》くことの大切《たいせつ》さを強調《きょうちょう》されました。

教育者のみならず、すべての指導者が模《も》範《はん》とすべき哲学です。まず自らが「奉仕の姿」を示《しめ》す以外に、真の人間教育はないからです。

卒業生の勝利が大学の勝利

張　まさに「奉仕」の精神は、教育者としての要《かなめ》であると痛感《つうかん》します。

草創《そうそう》の苦闘《くとう》を、当時を知る大学関係者は、こう回顧《かいこ》しています。

「私たちは、社会というものが、いかに実利的《じつりてき》であるか、人の心とはいかに恐《おそ》ろしいものであるかを思い知らねばなりませんでした。多くの人が善事《ぜんじ》を助けようとしないばかりか、内部から破壊《はかい》を試《こころ》みた者まであったのです」と。

父は、裏切《うらぎ》られ、詐欺《さぎ》にも遭《あ》いました。そのために自分はコートなしで冬を過ごしても、なお大学の人たちを、こう言って励《はげ》ましたのです。

「借金《しゃっきん》は私が工面《くめん》し、債務《さいむ》は私が返せばよい。借金を返せず、牢《ろう》に入らねばならぬとなれば、私はそれでもかまわない！　諸君《しょくん》が向学《こうがく》に励《はげ》んでくれれば、それが何よりの私の慰《なぐさ》めである」

当時の職員は奮《ふる》い立《た》ちました。残業手当《ざんぎょうてあて》や交通費、旅費が支給されないことがあっても、文句《もんく》一つ、こぼさなかった。「創立者の大理想のお手伝《てつだ》いができるのならば！」と。

池田　感動しました。父上は、「大学の創立者は、あたかも『柴《しば》で作った粗末《そまつ》な車に乗り、ボロをまとって山林《さんりん》を開拓《かいたく》する』庭師《にわし》のようなものである」（同前）とまで言われています。そのお気持ちが、私には痛《いた》いほどよくわかります。

2009年に総合体育館（手前）が完成し、キャンパスの整備が進む創価大学
©Seikyo Shimbun

実は、創価大学の建設を決めた時、私は内外から反対に遭《あ》いました。

当時の日本は、学生運動の嵐《あらし》が激《はげ》しく吹《ふ》き荒《あ》れ、また創価学会にも、財政的《ざいせいてき》に十分な余裕《よゆう》はなかったのです。

「ならば私が、一人でも成《な》し遂《と》げてみせる」――その覚悟《かくご》で、大学の建設を決断《けつだん》しました。

創価大学は、偉大《いだい》な教育者であられた牧口常三郎初代会長、戸田城聖第二代会長の大いなる夢でありました。その創立は、私にとって、恩師との深き誓《ちか》いでもあったのです。

今、世界に雄飛《ゆうひ》し、社会の第一線で、はつらつと活躍《かつやく》する、わが卒業生たちの姿《すがた》を目《ま》の当たりにすることは、私の何よりの喜びです。

父上は「一つの学府《がくふ》の栄光《えいこう》は、その卒業生に託《たく》されている」（前掲『張其昀先生文集』第十七巻）と語っておられますね。まさに、卒業生の勝利の姿《すがた》こそ、大学の勝利の証《あかし》です。

台湾《たいわん》の方々は、中国文化大学で学んだ英才《えいさい》たちを、深い尊敬《そんけい》の念を込《こ》めて「華岡人《かこうじん》」と呼ばれていますね。

張　ええ。大学が、「華岡」という地域にあるために、「華岡人」と呼ばれてきました。中国文化大学は、創立から今日（二〇〇七年）に至《いた》る四十五年間において、十五万八千余名の卒業生を世に送り出しました。

台湾の立法委員《りっぽう》（国会議員）二百二十人中の二十一人は華岡の学友《がくゆう》ですし、県・市長二十三人中の五人も華岡の出身で、ほかにも八人の駐外大使《ちゅうがいたいし》がいます。（二〇〇七年現在）

政治に関心を寄《よ》せるのは、伝統的《でんとうてき》に知識人の責任であり信念《しんねん》です。清《しん》時代の儒家《じゅか》である張爾岐《ちょうじき》*134は、「学者一日の志《こころざし》は、天下治乱《ちらん》の源《みなもと》であり、生きる民《たみ》の憂楽《ゆうらく》の根本《こんぽん》である」と述べています。

苦難《くなん》を乗《の》り越《こ》え発展する中国文化大学

池田　いわゆる「ノブレス・オブリージュ」（高貴《こうき》なる者の義務《ぎむ》）の精神に通じる思想ですね。高い教育を受け、社会の指導的《しどうてき》立場に立つ人には、民衆に徹《てっ》して奉仕《ほうし》しゆく責務《せきむ》があります。このことは、トインビー[*96]博士とも深く論じ合いました。

まさに、貴大学からは、その高貴なる責務を果《は》たしゆく錚々《そうそう》たる人材が、陸続《りくぞく》と躍《おど》り出《で》ています。

父上の先駆的《せんくてき》な教育への取り組みは、見《み》事《ごと》に花開きました。各学部の規模《きぼ》や数においても、今や台湾随一《ずいいち》の大発展ですね。

張　ええ。中国文化大学は、五十八の学科を設《もう》けており、これは台湾の大学の中で最大です。

多くの実用的な学部は、いずれも中国文化大学が先駆《さきが》けとなっています。日本語学科、韓国語《かんこくご》学科、ロシア語学科、市政《しせい》学科、景観《けいかん》学科、気象《きしょう》学科、広告学科、労働者学科、観光学科、国術《こくじゅつ》学科、舞踏《ぶとう》学科、中国戯劇《ぎげき》学科、中国大陸研究所、中山学術《ちゅうざんがくじゅつ》研究所などは、いずれも、わが大学が台湾で初めて設けた学科か、あるいは現在でも数少ないものです。そして、これらの分野《ぶんや》において私どもが育成《いくせい》した人材は、台湾社会で大きな比重《ひじゅう》を占《し》めています。

私たちは、常《つね》に学生たちを励《はげ》まし、彼らが「今日《こんにち》、我《われ》は華岡《かこう》を誇《ほこ》りとし、他日《たじつ》、華岡が我を誇りとする」との思いを抱《いだ》くよう望んでいます。

池田　貴大学が、どれほど偉大《いだい》な名門校であられるか。各分野で活躍《かつやく》する多くの「華岡人」の誉《ほま》れの姿《すがた》が、雄弁《ゆうべん》に物語っています。

ただ、今日に至《いた》るまでの道は、決して平坦《へいたん》ではなかった。張理事長は、父上が逝去《せいきょ》なされたのち、多額《たがく》な負債《ふさい》の残る大学を受《う》け継《つ》がれました。

父上が掲《かか》げられた「理想《りそう》の旗《はた》」を降《お》ろさぬために、アメリカでの研究者の地位をなげうって帰国。そして、大学の財政再建《ざいせいさいけん》のために奮闘《ふんとう》されました。

©Seikyo Shimbun

中国文化大学キャンパスと、
同大学内の学習センター
©Chinese Culture University

張　一九八四年のことです。私は中国文化大学の理事長に就任《しゅうにん》し、アメリカから戻《もど》りました。

当時、大学は、十八億七千万元《げん》（台湾元＝当時で約百億円に相当）もの債務《さいむ》を抱《かか》えていたのですが、幸いにも皆《みな》の団結《だんけつ》と努力のおかげで、経費《けいひ》を節約《せつやく》し、学術《がくじゅつ》や行政系統《ぎょうせいけいとう》の構造《こうぞう》を調整することができました。そして、五、六年がかりで、赤字を黒字に転ずることができたのです。

近年、私どもは、台北《タイペイ》市に三つのビルを建造し、陽明山校《ようめいざんこう》の本部にも、①十二階建ての教学・行政棟《とう》、②創立者 暁峯紀念館《ぎょうほうきねんかん》（図書館、デジタル地球研究センター、博物館、池田大作研究センター、国際会議センターを内設《ないせつ》）、③バスケット・バレー・テニスコート、プール、体操教室等を含《ふく》む、東アジア最大の多目的《たもくてき》体育館を建造しました。

わが大学の「デジタル地球研究センター」は、衛星画像《えいせいがぞう》を利用することにより、多くの有用《ゆうよう》な地理の情報を得《え》ています。たとえば、海洋中のプランクトンの分布《ぶんぷ》や濃度《のうど》、陸地における植物の分布の変化、水質汚染《おせん》の状況《じょうきょう》などです。

一九九九年に北京《ペキン》中国地図出版社から出版された『国家自然地図集』には、二百二十五の地図を含む多くの資料《しりょう》が掲載《けいさい》されていますが、それらは同センターの衛星画像によるもので、この地図集は、国際地図学会の大賞《たいしょう》を受賞しました。

デジタル地球研究センターの設立《せつりつ》に当たっては、中国科学院・リモートセンシング応《おう》用《よう》研究所から多大な支援《しえん》をいただきました。「中国リモートセンシングの父」と讃《たた》えられる陳述彭《ちんじゅつほう》先生は、わが中国文化大学の名誉《めいよ》博士号の受章者でもあられます。

教育に全生涯《しょうがい》を捧《ささ》げた張其昀《ちょうきいん》博士

池田　貴大学が、時代の最先端《さいせんたん》の技術を導入《どうにゅう》し、社会に貢献《こうけん》されていることも、よく存じ上げています。デジタル地球研究センターを見学させていただいた創価大学の関係者も、その高い技術に驚嘆《きょうたん》しておりました。

父上は、今日《こんにち》の貴大学の大発展の姿《すがた》を、どれほど喜ばれ、誇《ほこ》りに思われることでしょうか。

父上は大学者であるとともに、徹底《てってい》した「行動の人」であられました。

その哲学《てつがく》を、こう語っておられますね。

「思想や観念《かんねん》は、行動を起こさなければ、何の効果《こうか》も得《え》られない。最も大事なのは『為《な》す』『やる』『行《おこな》う』ことである。

我々は決心を固《かた》めて立ち上がり、力の限り行動せねばならない。いかなる困難《こんなん》にも危《き》険《けん》にも屈《くっ》することなく進むならば、『一念《いちねん》、岩をも通す』の言葉どおり、理想《りそう》もついには現実《げんじつ》となる」（前掲『張其昀先生文集』第十巻）と。

事実、父上は、周《まわ》りが高層《こうそう》ビルになっても、ご自分は古い木造《もくぞう》の家に住み、三百六十五日休むことなく働きに働かれた。そして、皆《みな》を励《はげ》ましながら、学生数八十人から出発して二万人を超《こ》す総合大学にまで発展させました。

堅忍不抜《けんにんふばつ》の精神を貫《つらぬ》かれ、教育という聖業《せいぎょう》に全生涯《しょうがい》を捧《ささ》げてこられた父上と理事長の父子一体《ふしいったい》のご業績《ぎょうせき》は、ますます輝《かがや》いていくでしょう。

張　たびたびの過分《かぶん》なお言葉に恐縮《きょうしゅく》します。

父は、挫折《ざせつ》に遭《あ》うたびに、『易経《えききょう》』*135を読んでいました。「易」は、伏羲《ふっき》*136が初めて「八《はっ》卦《け》」を描《えが》き、周《しゅう》の文王《ぶんおう》*137が「卦辞《けじ》」を作ったものとされています。『易経』は中国最古の書とされますが、一部は孔子《こうし》*91によって著《あらわ》されたと言われています。

そこには「易道《えきどう》は陰陽《いんよう》であり、陰陽は天地である。天地の大徳《だいとく》を生と云《い》い、生々するを易（生命の創造《そうぞう》）と謂《い》う」と記《しる》されています。天人《てんにん》の際《きわ》を究《きわ》めた易は、生き生きとした生命創造の精神の象徴《しょうちょう》なのです。

張理事長と父の張其昀博士　©Chinese Culture University

「梅の花がまばらに咲《さ》き始《はじ》める春に易経《えききょう》を読む」ことは、人生《じんせい》において享受《きょうじゅ》し得る最も心地《ここち》よい「天地の境涯《きょうがい》」であり、人に元気を与《あた》え、不屈《ふくつ》の精神を育《はぐく》んでくれます。もし父が、池田先生に出会っていたなら、きっと、こう言ったに違《ちが》いありません。

「人生最大の喜びは、桜の下で、池田先生の書物を読むことだ」と。

池田　恐縮《きょうしゅく》です。私どもこそ、父上の人間哲学《てつがく》に学んでまいりたい。

父上は、語っておられました。

「欠点《けってん》があれば、真っ向から見据《みす》え、努力していけばよいのであって、『失敗は成功の母』とは、この道理である。華岡《かこう》が、荒《あ》れ地《ち》の中から大学の城を建設し得《え》たのは、何ら秘訣《ひけつ》などなく、ただひたすら努力したからである」（同前）

いかなる困難《こんなん》をも悠々《ゆうゆう》と乗《の》り越《こ》えていかれた、父上の不屈《ふくつ》の意志《いし》と楽観《らっかん》主義を感じます。

池田大作研究センターがオープン

張　たしかに父は、楽観主義の人でした。苦境《くきょう》にあっても挑戦《ちょうせん》する人でした。ですから、池田先生とは心が響《ひび》き合《あ》うと確信できるのです。

中国文化大学に「池田大作研究センター」がオープン（2003年9月）

©Seikyo Shimbun

わが大学と創価大学は、これまで教員や学生の交流を活発《かっぱつ》に行《おこな》ってきました。その大きな成果《せいか》の一つが、二〇〇三年、台湾で初めて「池田大作研究センター」を設立《せつりつ》したことです。

センターは、「平和・文化・教育の運動をはじめとする人間主義の精神を発揚《はつよう》し、その思想と行動を研究する」ための機関です。極《きわ》めて広範《こうはん》な分野《ぶんや》にわたる池田先生の著作《ちょさく》はもとより、先生の文学や詩歌《しいか》についても探究《たんきゅう》します。さらに写真芸術《しゃしんげいじゅつ》も対《たい》象《しょう》にしていきます。先生は、そうした分野においても第一級の人物だからです。

さらに特筆《とくひつ》すべきは、池田先生と歴史上の〝カギ〟となる人物との対話の内容が、いずれも貴重《きちょう》な資料《しりょう》であることです。また、ハーバード大学やモスクワ大学での講演《こうえん》等は、人類《じんるい》の歴史において、また今日《こんにち》の教育にとっても、極《きわ》めて有益《ゆうえき》なものであり、わが大学の教師・学生も大いに学ぶべきです。

研究センターも、さらに多くのスタッフで、先生の著作の翻訳《ほんやく》に取り組んでまいります。それにより、台湾や中国語圏《けん》の人々が、先生の思想に触《ふ》れることができれば、と願《ねが》っております。

池田　恐縮《きょうしゅく》の限りです。偉大《いだい》な創立者を顕彰《けんしょう》する「暁峯紀念館《ぎょうほうきねんかん》」に、研究センターを設置《せっち》してくださったことも、光栄《こうえい》の極みです。張理事長はじめ、皆《みな》さま方の深き友誼《ゆうぎ》とご厚情《こうじょう》に、あらためて御礼《おんれい》を申し上げます。

私は、文化の大恩《だいおん》あるアジアの隣人《りんじん》を非道《ひどう》にも蹂躙《じゅうりん》した軍国《ぐんこく》日本の過《あやま》ちは、つきつめれば「教育の失敗」にあったと思っております。

ゆえに、いかなる思想と哲学《てつがく》をもって、時代を担《にな》う青年を育てていくか。そこに、人類の未来を決する一切《いっさい》があると確信しています。

「生命の尊厳《そんげん》」「平和と共生《きょうせい》」の思想を基調《きちょう》とした、新《あら》たな人間主義教育に心血《しんけつ》を注《そそ》いできた理由も、そこにあります。

二十一世紀の教育は、いかにあるべきか。また人類をリードする青年の連帯《れんたい》を、いかに築《きず》いていくべきか。そうした点についても、張理事長とさらに語り合っていきたい。そして「人間教育の世紀」「恒久《こうきゅう》平和の世紀」を目指《めざ》して、ともに進んでまいりたいと思っております。

貴大学との教育交流・文化交流が、末永《すえなが》く続いていくならば、これほどうれしいことはありません。創価大学は、貴大学の九年後に開学しました。「弟」の大学を、今後もどうか、よろしくお願いいたします。

張　とんでもありません。池田先生と創価大学から、私は多くのことを学んでいます。

かつて池田先生は語られました。

「人類の心と心の触れ合いによる交流には、国境も民族《みんぞく》の壁《かべ》もない」と。私たちは、この偉大な精神を心から尊敬《そんけい》しています。

両大学のさらなる実《みの》り多き交流を念願《ねんがん》するとともに、池田先生のご訪問《ほうもん》を心よりお待ちしております。

2　21世紀を教育の世紀に

東西の知性融合《ちせいゆうごう》を目指《めざ》す挑戦《ちょうせん》

池田　「汝自身《なんじじしん》を知れ」――これは、哲学《てつがく》の永遠の命題《めいだい》です。

大教育者であられた父上・張其昀《ちょうきいん》博士は、こう鋭《するど》く洞察《どうさつ》されました。

「現代教育の通弊《つうへい》は、宇宙を知れども汝自身を知らざるところにあり」と（前掲『張其昀先生文集』第十巻）。

まことに本質をついた言葉です。

汝自身の深き洞察なくして、真の教育を実現することはできない――牧口初代会長も、一貫《いっかん》して同じ信念《しんねん》でした。

教育は、人間が人間として、平等に幸福に生き抜《いぬ》いていくための「向上《こうじょう》の道」である。ゆえに、未来を担《にな》う青年たちに、どのような価値観《かちかん》を育《はぐく》み、ビジョンを示《しめ》してい

台中の孔子廟での教師節の儀式　©Chao-Yang Chan/Alamy/PPS

くか。その教育のあり方が、人類《じんるい》の未来を大きく左右すると言っても過言《かごん》ではありません。

張　私もまったく同感《どうかん》です。

人類の歴史において、孔子《こうし》は初めて私学《しがく》を講《こう》じた、言わば世界の私立大学の創始者《そうししゃ》です。「教え有《あ》りて類無《るいな》し」*138と説いた孔子は、その人の教育のみを問い、民族《みんぞく》や出《しゅつ》自《じ》を問うことはありませんでした。後世《こうせい》の人々は孔子を「大成至聖《たいせいしせい》の先師《せんし》」と尊称《そんしょう》しています。孔子の生誕《せいたん》の日である九月二十八日は、台湾では「教師節《きょうしせつ》（教師の日）」となっています。

儒家《じゅか》教育の真髄《しんずい》は、人間教育の完備《かんび》のうえに文明を築《きず》くことを願《ねが》うものであり、これは西洋のヒューマニズムの理念《りねん》と、はからずも一致《いっち》するものです。今では世界各国に大学が林立《りんりつ》していますが、その共通の目的《もくてき》は、時代の輝《かがや》きを発揚《はつよう》し、人間の自由を守り、高く深い学術《がくじゅつ》性を培《つちか》うことです。

池田　まったくそのとおりですね。この普遍的《ふへんてき》な教育の実現こそ、次代《じだい》の社会建設の柱です。

管子《かんし》*139の有名な言葉に「一年の計《けい》は、穀《こく》を樹《う》うるに如《し》くは莫《な》く、十年の計は、木を樹《う》うるに如《し》くは莫《な》く、終身《しゅうしん》の計は、人を樹《う》うるに如《し》くは莫《な》し」*140（『新釈漢文大系42　管子〈上〉』遠藤哲夫著、明治書院）とあります。父上の張博士は、まさに、生涯《しょうがい》を賭《と》して、万代《ばんだい》に続く人材山脈を、台湾の天地に築《きず》いていかれました。

張　一九六二年、父が台北《タイペイ》・陽明山《ようめいざん》の華岡《かこう》を大学の建設地に選び、「美しき哉中華《かなちゅうか》、鳳《ほう》鳴《めい》の華岡」との意《い》を汲《く》んで、校名を「中国文化学院」と定《さだ》めたのには深い意味が込《こ》められています。

それは、伝統的《でんとうてき》な中国文化の精華《せいか》は文学、史学《しがく》および哲学《てつがく》にあり、近代西洋文化の優《すぐ》れた点は科学と民主主義政治にあるがゆえに、中国文化の復興《ふっこう》と発揚《はつよう》には「東西の道統《どうとう》を継承《けいしょう》し、中外の精華を集める」必要があると考えたからです。

池田　東洋と西洋の知性《ちせい》の融合《ゆうごう》と啓発《けいはつ》という、大いなる挑戦《ちょうせん》ですね。

一九一〇年代から二〇年代にかけて、北京《ペキン》大学の学長として活躍《かつやく》された蔡元培《さいげんばい》先生も、「古今東西派《ここんとうざいは》」と称《しょう》され、西洋からの革新的《かくしんてき》かつ自由闊達《かったつ》な学問の気風《きふう》を取り込まれたことで有名です。

張　父が大陸の中央研究院の評議員《ひょうぎいん》を務《つと》めていた時、その院長が蔡元培先生でした。蔡先生は父が影響《えいきょう》を受けた人物の一人です。

池田　そうでしたか。重要《じゅうよう》な縁《えにし》ですね。

同時代を生きる先駆《せんく》の知識人として、父上と蔡元培先生が手を携《たずさ》えて、新しい時代の建設のために、青年たちの育成《いくせい》に打《う》ち込《こ》まれた様子《ようす》が目に浮かぶようです。

今日の中国文化大学の多彩《たさい》な国際交流や教育プログラムは、そうした進取《しんしゅ》の気性《きしょう》に富《と》んだ理念《りねん》から出発しているのですね。

張　ええ。本学はこれまで、さまざまな制度《せいど》の完備《かんび》に力を注《そそ》いできました。医学院を除《のぞ》けば、ほとんどの学院や学部を備《そな》えております。

国際文化交流を極《きわ》めて重視《じゅうし》する私たちの大学は、台湾で最も多くの外国語学科を有《ゆう》するほか、国際会議の招集《しょうしゅう》、姉妹校協定《しまいこうきょうてい》の締結《ていけつ》、名誉《めいよ》博士の授与《じゅよ》にも、とくに力を入れております。日本だけでも十六の姉妹校《しまいこう》を有《ゆう》しています。

「教育」と「宗教」は両輪《りょうりん》の関係

池田　これからの時代は、世界に開かれた思想と哲学《てつがく》を身につけた人材がますます不可《ふか》欠《けつ》です。ゆえに、すべての学問の根底《こんてい》に、人類《じんるい》に対する深い共感と慈愛《じあい》、そして確固《かっこ》たる哲学が深く求められていると思います。

張　そのとおりです。哲学は人間をして理性《りせい》によって人生《じんせい》を肯定《こうてい》せしめるものであり、宗教は人間をして信仰《しんこう》によって希望《きぼう》を抱《いだ》かしめ、科学は人類をして未開《みかい》から文明へと向かわしめるものです。

宗教の真髄《しんずい》とは、すなわち心智《しんち》の啓発《けいはつ》であり、それは人間性を覚醒《かくせい》させることによって高尚《こうしょう》なる人格《じんかく》を確立《かくりつ》せしめるものです。

池田　実に明晰《めいせき》な洞察《どうさつ》です。

トインビー博士は、私との対談で、「教育のめざすべきものはあくまでも宗教的なもの」として、「人生の意味や目的《もくてき》を理解させ、正しい生き方を見いださせるための探求《たんきゅう》でなければならない」（前掲「二十一世紀への対話」）と語っておられました。

私も、「教育」と「宗教」は、言わば〝両輪《りょうりん》〟の関係にあると考えています。つまり、どちらか一方が欠《か》けても、まっすぐに進むことはできない。精神性や倫理性《りんりせい》を欠《か》いた知識の暴走《ぼうそう》はあまりにも危険《きけん》であり、また知性なき信仰も独善《どくぜん》となってしまう可能性が高いからです。

張　同感です。また、父は晩年《ばんねん》、自《みずか》らを「全神教《ぜんしんきょう》の信仰者」と称《しょう》していました。この「全神教」とは、世界の五大宗教――仏教、道教、イスラム、カトリック、プロテスタント――の精華《せいか》を総合《そうごう》し、互《たが》いの思想性を疎通《そつう》させ、いずれにも偏《かたよ》らずに、世界の大同《だいどう》と平和的繁栄《はんえい》のための基盤《きばん》を築《きず》くことを期《き》するものです。

ゲーテ*141は「芸術《げいじゅつ》を有するものは宗教を有する」と述べました。さきほど話題となった北京《ペキン》大学の蔡元培《さいげんばい》先生も同じことを主張《しゅちょう》されていました。

中国に伝来《でんらい》した仏教は、人間の精神面に大きく貢献《こうけん》しただけでなく、あらゆる芸術にも深い影響《えいきょう》を与《あた》えました。したがって中国文化大学は創立の当初《とうしょ》において、完備《かんび》された芸術学院を設立《せつりつ》したのです。

池田　創価大学の建学《けんがく》の理念《りねん》も、全人《ぜんじん》教育を目指《めざ》しています。

近年、世界の多くの大学が、学問の基盤となる倫理や哲学の重要性《じゅうようせい》について、あらためて問い直すようになりました。
張理事長が、かつて研究員として活躍《かつやく》されたハーバード大学でも、教養科目《きょうようかもく》など「全体人間」を育《はぐく》むためのプログラムの見直《みなお》しを巡《めぐ》って、長い議論を続けてきました。私も、ハーバード大学の友人から、さまざまにうかがっています。

張 文明の揺籃《ようらん》である大学は、学問を伝授《でんじゅ》する以外に、教養を具《そな》えた心を培《つちか》わねばなりません。中国において「徳育《とくいく》」は「仁愛《じんあい》」と「信義《しんぎ》」を基点《きてん》としますが、西洋は適度《てきど》な「自由」と「人権《じんけん》」を強調《きょうちょう》します。
カント[*142]は自由を「理性《りせい》の自己《じこ》決定であり、自我《じが》の立法《りっぽう》である」と評《ひょう》しました。敷衍《ふえん》するに、自由は「自然と一体、道徳と一体、法律と一体、団体と一体」でなくてはならず、これは自由にとって四つの大きな制約《せいやく》です。

池田 アメリカの教育哲学者《てつがくしゃ》ジョン・デューイ[*143]も、「真正《しんせい》の自由は知性的である。本当の自由は訓練《くんれん》せられた『思惟《しい》能力』power of thought のなかに宿《やど》る」（『デュウイー 思考の方法』植田清次訳、春秋社。現代表記に改めた）と述べました。
人間の「自由」は、優《すぐ》れた知性と人格《じんかく》に鍛錬《たんれん》されてこそ、真の「自由」となる。そのための教育であり、教師の存在《そんざい》であると言えます。

中国の有名な『資治通鑑《しじつがん》』*144には、「経師《けいし》は遇《あ》い易《やす》く、人師《じんし》は遭《あ》い難《がた》し」（『資治通鑑』巻五十五、漢紀四十七）とあります。人間の人格の基盤《きばん》となる「徳《とく》」を教えるのが「人師」ですね。

張　そうです。中国の古代には、「経師」と「人師」の違《ちが》いが存在しました。すなわち「経師」は専門《せんもん》知識を伝授《でんじゅ》し、「人師」は人間としての生き方や処世《しょせい》の道を教えました。現代の学校の指導教官《しどうきょうかん》は、この「人師」としての責任《せきにん》を果《は》たすべき立場です。

中国語の「指導教官」は、英語の discipline（訓練、規律《きりつ》）という言葉から翻訳《ほんやく》されたものです。「教え導《みちび》くこと」は「管理《かんり》すること」とは異《こと》なります。それは、「指導」の原理《げんり》に基《もと》づき、学生の心身《しんしん》の発達状況《はったつじょうきょう》に照《て》らしつつ、適切《てきせつ》な助言《じょげん》や指導方法を取り入れることにより、学生を自発的《じはつてき》に喜々《きき》として善《ぜん》に向かわしめるものです。

「自由」と「規律」は、教え導くことにおいて、互《たが》いに相反《あいはん》することはありません。「自由」は「規律」を基礎《きそ》とすべきであり、それは民主主義が「法治《ほうち》」を前提《ぜんてい》とするのと同じです。学校の規則を遵守《じゅんしゅ》してこそ、自由は初めて真の意味において自由となるのです。そうした真の自由な精神を発揚《はつよう》させ、理智的《りちてき》な思考《しこう》能力と独立《どくりつ》した判断《はんだん》の習慣《しゅうかん》を培うことが「教え導くこと」にほかなりません。

真理探究《しんりたんきゅう》に不可欠《ふかけつ》な「学問の自由」

池田　おっしゃるとおりですね。

「自由」は「規律《きりつ》」「自律《じりつ》」の中にあります。「放縦《ほうじゅう》」と「自由」は、まったく違《ちが》います。厳《きび》しい「自己《じこ》規律」にこそ、真の人格《じんかく》の陶冶《とうや》があり、自身の成長と自己実現《じつげん》がある。そのことを教えるのが教育であり、「人師《じんし》」の重要《じゅうよう》な役割《やくわり》と言えるのではないでしょうか。

ところで、張理事長は、かつて三十年以上にわたり、アメリカで研究と教育に携《たずさ》わってこられました。アメリカには、世界的に高名《こうめい》な大学が数多くありますが、それらに共通する特徴《とくちょう》は何だと思われますか。

張　そうですね。アメリカには一流の私立大学が多く存在しますが、その理由の一つは、やはり「学問の自由」と「大学の自治《じち》」を享受《きょうじゅ》していることにあります。

初めて「自由」を提唱《ていしょう》したのはギリシャの哲学者《てつがくしゃ》アリストテレスです[*145]。英語の「自由」という言葉には、リバティー（liberty）とフリーダム（freedom）の二つがあります。前者は一般的《いっぱんてき》な自由を意味し、後者は特定《とくてい》の自由、たとえば「学問の自由」や「言論《げんろん》の自由」などを意味するものですが、他の言語にはこのような区別《くべつ》は存在《そんざい》しません。

ヨーロッパの大学は十二世紀に始まりますが、のちに天文《てんもん》学者ガリレイ[*146]や物理学者ニュートン[*147]らの学説が異端《いたん》と見なされるようになりました。そこで、大学は「自由」を唱《とな》えることによって、学者たちが真理《しんり》を追究《ついきゅう》し、自由に講義《こうぎ》できる権利《けんり》を保障《ほしょう》しようとしたのです。

池田　「学問の自由」の意義《いぎ》については、私も、世界各国の大学関係者と意見交換《こうかん》してきました。また、創価大学の草創期《そうそうき》より、折《おり》に触《ふ》れ、所感《しょかん》の一端《いったん》を学生たちに語ってきました。

第三回の入学式では、「創造的《そうぞうてき》人間たれ」と題して、ヨーロッパの学問が復興《ふっこう》した「十二世紀ルネサンス」の意義について論じました。

また、第四回の入学式では、「創造的生命の開花《かいか》を」と題し、「学生主役《しゅやく》の大学」「私立大学の意義」などについても述べました。

中世ヨーロッパの学問であれ、文芸の復興《ふっこう》運動であれ、その原動力《げんどうりょく》となった豊かな創造性は、ヒューマニズムを基調《きちょう》とした、真理探究《たんきゅう》への自由な「思索《しさく》」と「精神」から生まれていったと言ってよいでしょう。

また大学は、学生の学問への熱き熱望《ねつぼう》から出発し、教師と学生という人間共同体《きょうどうたい》を築《きず》いていったものです。

一九九四年、私は、イタリアのボローニャ大学を訪《おとず》れ講演《こうえん》を行《おこな》いました。西洋最古《さいこ》の伝統《でんとう》を誇《ほこ》る同大学のキャンパスには、教師と学生が一体となって「学問の自由」を貫《つらぬ》き、真理《しんり》を求め抜《ぬ》いていく気高《けだか》き誇《ほこ》りと気風《きふう》が、生き生きと脈打《みゃくう》っていました。

常《つね》に「人間」と「生命」という視座《しざ》に立ち返りつつ、自由闊達《かったつ》な精神と旺盛《おうせい》な知的好《こう》奇心《きしん》を燃やして学問に挑戦《ちょうせん》していく——その烈々《れつれつ》たる息吹《いぶき》こそが、イタリア・ルネサンスをはじめ古今東西《ここんとうざい》の時代変革《へんかく》の大きな力となってきました。

「大学の自治《じち》」は学生が根本《こんぽん》

張

「人間」根本《こんぽん》の視座といえば、中国の伝統教育もまた、儒家《じゅか》の「人間中心の自由思想」を主流としてきました。

史学《しがく》の大家《たいか》である銭穆《せんぼく》先生は、こう述べています。

「教育は師道《しどう》をもって本《ほん》と為《な》す。師道の興隆《こうりゅう》は学術《がくじゅつ》に基《もと》づくものであり、学術の繁栄《はんえい》は自由を源《みなもと》とするものである。自由な教育をもって政治を導《みちび》くならば、政治は活力《かつりょく》

世界最古の総合大学・イタリアのボローニャ大学で
「レオナルドの眼と人類の議会」と題して講演をする
池田SGI会長（1994年6月1日）　©Seikyo Shimbun

を有《ゆう》し、活発に繁栄《はんえい》へと向かうことができる。反対に、政治をもって教育を統制《とうせい》するならば、教育は命脈《めいみゃく》を失《うしな》い、必ずや萎縮《いしゅく》して乾枯《かんこ》たるものとなろう」

池田　父上の親友であられた銭穆《せんぼく》先生の指摘《してき》は、非常に重要《じゅうよう》です。

ともあれ、自由な精神こそ、教育の生命です。ゆえに、私は、「教育権《けん》の独立《どくりつ》」を、一貫《いっかん》して提唱《ていしょう》してきました。「立法権《りっぽうけん》」「行政権《ぎょうせいけん》」「司法権《しほうけん》」の三権に、新《あら》たに「教育権」を加《くわ》えた「四権分立《よんけんぶんりつ》」です。

またSGI提言《ていげん》などで、繰《く》り返《かえ》し「教育国連《こくれん》」の創設《そうせつ》を訴《うった》えてきました。それも政治的な思惑《おもわく》や国家の恣意的《しいてき》な利害《りがい》に左右されない、グローバルな教育基盤《きばん》の確立《かくりつ》が必要であると考えてきたからです。健全《けんぜん》な教育や思想の発達《はったつ》のためには、「学問の自由」をはじめとする「教育の独立」が不可欠《ふかけつ》です。

張　そのとおりですね。

狭《せま》い意味での「学問の自由」とは、「思想の自由」「講義《こうぎ》の自由」、国是批評《こくぜひひょう》の「言論《げんろん》の自由」を保障《ほしょう》するものです。また、広い意味での「学問の自由」とは、十九世紀のドイツの大学が確立した「教育の独立」を含《ふく》めた「大学の自治《じち》」で、その「自治」とは財政面《ざいせいめん》での自治と行政面での自治を含むものです。

池田　この「大学の自治」をどのように獲得《かくとく》し、実現していくか——それは、いかなる時代においても、大学の命脈を握《にぎ》る根本《こんぽん》の課題《かだい》でした。

張　ええ。大学の自治は、健全《けんぜん》な制度のうえに、確立されなければなりません。イギリスの哲学者《てつがくしゃ》ジョン・ロック*105は、「分権《ぶんけん》によってバランスを図《はか》る」ことを提唱し、それによって利益《りえき》の衝突《しょうとつ》を避《さ》け、権利《けんり》と責任《せきにん》の合致《がっち》を実現しようとしました。

欧米《おうべい》の大学では、理事会《りじかい》を設置《せっち》し、建学《けんがく》の理念《りねん》、学校組織《そしき》、財務《ざいむ》および発展計画を含む重大《じゅうだい》な政策《せいさく》の決定を行《おこな》っています。学長は理事会の政策を執行《しっこう》する指導者《しどうしゃ》ということになります。理事会と行政部門の関係は、責任と権利を分かち合うものであり、「干《かん》渉《しょう》」するものではありません。

そして、教授の主《しゅ》たる任務《にんむ》は学生を教えることです。欧米の大学は、かって教授による大学の統治《とうち》を試《こころ》みましたが、その失敗の経験は記憶《きおく》に新しいものです。

池田　そうした点を踏《ふ》まえた上で、さらに申し上げれば、私は、「大学の自治」は、その根本の精神において、「学生」が中心であらねばならないと思っています。創価大学の学生にも、創立の当初《とうしょ》から、一人ひとりが「創立者」であるとの誇《ほこ》りをもって大学を建設していってほしいと訴えてきました。

父上も、貴大学の精神を、こう語っておられますね。

「本学の前途《ぜんと》を、三つの言葉でまとめたい。華岡の学府《かこうのがくふ》（中国文化大学）は、『華岡青年のもの』である。『華岡青年が治《おさ》めるもの』である。『華岡青年が享有《きょうゆう》するもの』である」（前掲『張其昀先生文集』第十巻）と。

私は、創価大学の教員の方々にも、「学生第一主義」で、学生を心から慈《いつく》しみ、全魂《ぜんこん》で指導《しどう》・育成《いくせい》に取り組んでいただきたいと、一貫《いっかん》してお願いしてきました。

教員と学生が、深い信頼《しんらい》と尊敬《そんけい》のうえに立って、真摯《しんし》な学問の打ち合いに挑戦《ちょうせん》していく――そこにこそ、真の人間教育があり、大学の発展があると確信するからです。

さきほど触《ふ》れたイタリアのボローニャ大学なども、その起源《きげん》において、教師と学生は、まったく対等の関係にありました。

ともあれ、教育の「自主《じしゅ》」と「独立《どくりつ》」の気風《きふう》なくして、真の学問も、新《あら》たな価値創造《かちそうぞう》の文化も育たない。その点、貴大学には、自由な学問と芸術《げいじゅつ》の気風が溢《あふ》れていますね。

貴大学を訪《おとず》れた、創価大学の関係者も皆《みな》、異口同音《いくどうおん》に、そう語っています。

人々の心を結《むす》ぶ文化・芸術の交流

張　ありがとうございます。大学は「独立自主の精神」の訓練《くんれん》の場であるべきだと、私は常《つね》に呼びかけています。

かつて、創価大学を訪問《ほうもん》させていただいた折《おり》も、私は、創立者の池田先生が、どれほど学識《がくしき》豊かにして徳望《とくぼう》の厚い世界的な指導者であるか、深く実感しました。そして、「人間教育の最高学府《がくふ》たれ」「新しき大文化建設の揺籃《ようらん》たれ」「人類《じんるい》の平和を守るフォートレス（要塞《ようさい》）たれ」との建学《けんがく》の指針《ししん》が、創価大学の学生一人ひとりの心の中に息づいていると感じました。

わが中国文化大学は、これまで「ルネサンス」をスローガンとして、芸術、文学、哲《てつ》学《がく》、歴史に力を入れてきました。

大学には、一般《いっぱん》の大学が重視《じゅうし》する「徳育《とくいく》・智育《ちいく》・体育」以外に、「美育《びいく》」や「群育《ぐんいく》」を重視する、二百を超《こ》す学生のクラブがあります。その目的《もくてき》は、組織力《そしきりょく》、表現力、判《はん》断《だん》力、指導力および創造力を訓練することにあります。そして、多彩《たさい》なクラブ活動を通して、学生同士の友情を深めることができるのです。

池田　父上も、図書館とともにクラブ活動を〝大学の生命線〟と位置づけておられましたね。そして、早くから「美育《びいく》」を重視し、力を注《そそ》いでこられました。貴大学の見事《みごと》な博物館《はくぶつかん》は、その象徴《しょうちょう》の一つと言えますね。

張　ええ。中国文化大学は創立当初《とうしょ》から博物館を設《もう》けていますが、今では、その収蔵《しゅうぞう》品《ひん》は五万余《よ》点を数えるまでになりました。

そのうちの一万二千余点の重宝《じゅうほう》には、書、絵画《かいが》、陶磁器《とうじき》をはじめとする、新石器《しんせっき》*27の仰《ヤン》韶《シャオ》時代から近代に至《いた》るまでの民俗的文物《みんぞくてきぶんぶつ》が含《ふく》まれています。書には明代《みんだい》の王陽明《おうようめい》*29の作品もあります。

二〇〇五年には、弊館所蔵《へいかんしょぞう》の溥儒《ふじゅ》（心畬《しんよ》）*148の書画《しょが》の傑作《けっさく》二十三点が北京《ペキン》で展覧《てんらん》され、大好評《だいこうひょう》を博《はく》しました。

池田　私も、学生たちが世界の一流の芸術《げいじゅつ》作品に触《ふ》れられるようにと、創価大学に隣《りん》接《せつ》して、東京富士美術館を設立《せつりつ》しました。一流の人格《じんかく》と知性《ちせい》を育《はぐく》むには、やはり一流の文化・芸術に触れ、学んでいくことが大切《たいせつ》であると思っております。

張　わが中国文化大学は、一九九八年、東京富士美術館から所蔵の重宝をお借りし、国《こく》父紀念館《ふきねんかん》において「日本名画《めいが》文物展」を開催《かいさい》しました。また二〇〇〇年には、同館所蔵

東京富士美術館所蔵の日本名画文物展（1998年6月、台北市・国父紀念館）

©Seikyo Shimbun

の十五世紀ルネサンスから二十世紀に至る六十余人の名画家の作品で構成《こうせい》された「西洋名画展」を開催することができました。この二度の展覧会は、大変に大きな反響《はんきょう》を呼びました。

池田　文化と友情の薫《かお》り高き、有意義《ゆういぎ》な展覧会となったことを、心からうれしく思っております。展覧会の開催に当たり多大《ただい》なご尽力《じんりょく》を賜《たまわ》りました張理事長はじめ関係者の皆《みな》さま方に、あらためて感謝《かんしゃ》を申し上げます。

文化・芸術は、人間の魂《たましい》が放《はな》つ大いなる創造性《そうぞうせい》の輝《かがや》きであり、国境《こっきょう》や時代を超《こ》えて人々の心と心を深く結《むす》びゆく力があります。民衆の相互《そうご》理解を深めるうえで、文化・芸術《げいじゅつ》の交流ほど、大切《たいせつ》なものはありません。

私が、民主音楽協会や東京富士美術館を設立《せつりつ》し、世界との交流を進めてきた理由も、そこにあります。

3　未来を開く教育の力

台湾各地で反響《はんきょう》を呼んだ「世界児童《じどう》平和文化展」

張　台湾では、ＳＧＩの皆《みな》さんが、地域《ちいき》社会の前進に、大きな役割《やくわり》を果《は》たしてこられました。とくに二〇〇七年は、各地で「地域友好《ゆうこう》文化祭」のほか、「世界児童《じどう》平和文化展」も開催《かいさい》されましたね。

池田　ええ。私どもＳＧＩは、これまで、国連《こくれん》が制定《せいてい》した「世界の子どもたちのための平和の文化と非暴力《ひぼうりょく》の国際十年」（二〇〇一年〜二〇一〇年）の推進《すいしん》のために「平和の文化と子ども展」を開催してきました。

台湾創価学会では、「世界児童平和文化展」として、各地の学校をはじめ、二百五十以上の会場で開催しました。展示会《てんじかい》には、多くの方々が家族連れで訪《おとず》れてくださり、有意義《ゆういぎ》にして賑《にぎ》やかな語《かた》らいの場になったとうかがっています。

来賓《らいひん》の方々からも、「児童《じどう》平和文化展は、わが地域の未来に希望《きぼう》をもたらした」など、多くの喜びの声をいただき、大変にうれしく思っております。

張 台湾《たいわん》の新聞各紙にも報道され、大きな話題を呼んでいましたね。同展は、「平和の文化」や「非暴力《ひぼうりょく》の思想」の大切《たいせつ》さを、多くの写真やパネルを使って、子どもたちにわかりやすく伝える、有意義《ゆういぎ》な試《こころ》みであると思います。

池田 私が常々《つねづね》、感銘《かんめい》を受けるのは、そうした地域貢献《こうけん》の活動、すなわち「平和の文化」創造《そうぞう》への挑戦《ちょうせん》を、多くの女性の皆《みな》さま方が喜々《きき》として担《にな》ってくださっていることです。台湾創価学会の展示会《てんじかい》においても、各会場で解説員《かいせついいん》を務《つと》めておられるのは、全員が婦人部の皆さんです。その弁舌《べんぜつ》さわやかで明快《めいかい》な解説は、大変に好評《こうひょう》のようです。

張 台湾創価学会の婦人部、また女子部の皆さま方のご活躍《かつやく》は、よく存じております。池田会長は、かねてより、二十一世紀は「女性の世紀」であると訴《うった》えてこられました。私も、深く共感《きょうかん》しております。

そして、そのカギとなるのは「教育」であり、「教育の発展」こそ、「女性の権利《けんり》」を確立《かくりつ》するための根本《こんぽん》であると、私は考えてきました。

「女性の権利の向上《こうじょう》」は、社会に対して多くの利益《りえき》をもたらすばかりでなく、世界の

©Seikyo Shimbun

世界児童平和文化展で熱心に解説を聞く子どもたち（上、2007年3月31日、台北県三重市・厚徳小学校）と、台湾各地で盛大に開催された地域友好文化祭（下）

平和にとっても大きな恩恵《おんけい》をもたらすのではないでしょうか。

池田 アメリカの思想家エマソン[*149]は、「文明とは何であろうか？ わたくしは、善良《ぜんりょう》な女性の力であると答える」（『エマソン選集』4、原島善衛訳、日本教文社）と語りました。

生命を慈《いつく》しみ、人びとを慈愛《じあい》の光で包《つつ》み、平和を創《つく》り広げていく――女性には、そうした本然的《ほんねんてき》な力があります。その女性の力が十全《じゅうぜん》に発揮《はっき》される社会こそ、二十一世紀に栄《さか》えていくに違《ちが》いありません。

その点、台湾社会における女性の活躍《かつやく》には目覚《めざ》ましいものがあります。

たとえば、「アジア・太平洋地域」の「女性の社会進出度《しんしゅつど》」を調査した二〇〇七年のあるデータによりますと、台湾は、ニュージーランド、フィリピンとともに、トップ3《スリー》に入っています。日本は、最下位の十三位で、大変に遅《おく》れています。

この台湾における女性の社会進出の中で、特筆《とくひつ》すべき点を挙《あ》げるとすれば、何でしょうか。

張 そうですね。いくつかの点から説明することができます。

まず、台湾では、多くの女性が、政界《せいかい》で活躍しています。二百二十五人の立法《りっぽう》委員のうち、四十七人が女性で、二十一パーセントを占《し》めています。この比率《ひりつ》は、世界のトッ

プ10《テン》にランクされています。(二〇〇七年現在)

国際社会では政治・経済分野《ぶんや》でも女性が目覚ましく活躍

池田 残念《ざんねん》ながら、日本はまだまだ低い水準《すいじゅん》です。

女性の政治・経済分野での活躍を示《しめ》す指数《しすう》(GEM[*150])を見ても、日本は世界で四十二位となっています。(『人間開発報告書[*151] 二〇〇六』)

もっと多くの女性が第一線で活躍するようになれば、日本社会のあり方も、大きく変わっていくに違《ちが》いありません。

ヨーロッパ統合《とうごう》の父クーデンホーフ=カレルギー[*152]伯《はく》も、一九七二年に発刊された、私との対談集の中で語っておられました。

「女性がより大きな役割《やくわり》を果《は》たす機会《きかい》が与《あた》えられれば、それだけ世界が平和になるということです。なぜなら、女性は本来《ほんらい》、平和主義者だからです」と。

また、「世界中で女性が議会と政府の半分を占《し》めるようになれば、世界平和は磐石《ばんじゃく》になるだろう」(「文明・西と東」『池田大作全集』第一〇二巻所収、聖教新聞社)とも展望《てんぼう》しておられた。

女性の権利《けんり》の拡大《かくだい》こそが、平和への確かな基盤《きばん》となるとの点で、深く一致《いっち》したことを、印象《いんしょう》深く覚《おぼ》えております。

また、アメリカの女性未来学者として有名なヘイゼル・ヘンダーソン*153博士との対談(『地球対談 輝く女性の世紀へ』主婦の友社)でも、興味《きょうみ》深い事例《じれい》が話題となりました。

——近年のアメリカでは、財政的《ざいせいてき》に破綻《はたん》し、男性たちが投げ出してしまった多くの自《じ》治体《ちたい》で、女性たちが立ち上がり、まるで〝男性たちのせいで散乱《さんらん》し汚《よご》れた食器《しょっき》を片づけるように〟(笑)、再建《さいけん》のために挑戦《ちょうせん》している——と。

張 なるほど。女性には、無秩序《むちつじょ》なものに秩序を与《あた》え、大きく育《はぐく》んでいく、天性《てんせい》の忍《にん》耐強《たいづよ》さや粘《ねば》り強さがありますからね。

国際社会を見ますと、一九八〇年にアイスランドで、世界初の女性大統領《だいとうりょう》が選出《せんしゅつ》され、以来、今日《こんにち》に至《いた》るまでの二十七年間(二〇〇七年現在)に、すでに十数カ国で女性の大統領・首相《しゅしょう》が誕生《たんじょう》しました。そして、興味深いことに、一部の国を除《のぞ》いて、その多くは途上国《とじょうこく》なのです。

さらに驚《おどろ》くべき事実は、極《きわ》めて保守的《ほしゅてき》なイスラム国家のパキスタンにさえ、女性の首相が誕生したことです。

イギリスのサッチャー首相との会見（1989年5月22日、ロンドン）

池田　それぞれの国の事情や、文化的背景《はいけい》が異《こと》なるとはいえ、興味深い現象《げんしょう》です。

張　台湾には、女性の副総統《ふくそうとう》や幾人《いくにん》かの行政上《ぎょうせいじょう》の指導者《しどうしゃ》がいますが、女性の総統が選出されることは、まだしばらくなさそうです。

一方、我々《われわれ》にとって想像《そうぞう》しがたいのは、イギリスのサッチャー氏[*154]や、ノルウェーのブルントラント氏[*155]などの女性指導者が、十数年にわたり国をリードし、しかもすばらしい成功を収《おさ》めたことです。この事実に、敬意《けいい》を表《ひょう》さずにはいられません。

池田　イギリスのサッチャー首相とは、私も二度（一九八九、一九九一年）お会いし、語り合いました。

会見では、『荀子《じゅんし》』*156の「民《たみ》を愛する者は強く、民を愛せざる者は弱し」(『新釈漢文大系5 荀子』藤井専英著、明治書院)の精神も話題となり、指導者論《しどうしゃろん》から家庭教育論まで幅《はば》広《ひろ》く語り合いました。

サッチャー首相は、ご自身の母親について、懐《なつ》かしそうに、こう語っておられました。

「(母は)自分のことよりも、愛する子どもたちのために、すべてをなげうってやってくれました。母は、そうした姿《すがた》を通して『他の人のために自分の人生《じんせい》を捧《ささ》げる人』としての模範《もはん》を、示《しめ》してくれたのです」(『聖教新聞』一九八九年五月二十四日付)

サッチャー首相もそうですが、私がこれまでお会いした世界の多くの識者《しきしゃ》は、人々に尽《つ》くし社会に貢献《こうけん》しゆく生き方を、母親の姿から学んだと振《ふ》り返《かえ》っておられました。

張 インドの思想家ルビー・マニカンは、振り返っていますね。

「あなたが一人の人間を教育しても、一人しか教えられない。しかし、一人の女性を教えるならば、それは一つの家庭を教育するに等《ひと》しい」と。

中国社会における女性の地位の変遷《へんせん》

池田 母親の影響力《えいきょうりょく》の大きさを雄弁《ゆうべん》に語る言葉です。また女性教育や家庭教育の大切《たいせつ》さも示されていますね。

ところで、台湾では、教育や文学の分野《ぶんや》でも、多くの女性の活躍《かつやく》が見られます。

張　ええ。台湾では、教育界で活躍する女性の比率《ひりつ》も、非常に高いのです。

また、文学界での女性の躍進《やくしん》も目覚《めざ》ましい。一九九九年六月十四日号の週刊誌『アジア』が「二十世紀で最も優《すぐ》れた中国語小説トップ一〇〇」のランキングを発表しました。

その中で、台湾の男性作家は二十九人、そして女性作家は九人もいました。皆《みな》、終戦によって、台湾が中国に帰属《きぞく》して以降、創作《そうさく》を開始した作家たちです。

台湾の人口は、中国大陸の六十分の一に過ぎませんので、台湾の作家の割合は、非常に高く、とりわけ女性作家の数は、極《きわ》めて多いと言えるでしょう。

池田　作家では、小説『城南旧事《じょうなんきゅうじ》』で知られる林海音《りんかいいん》氏*157などが、とくに有名ですね。

このほか芸術《げいじゅつ》の分野では、二〇〇七年に生誕《せいたん》百周年を迎《むか》えた、台湾初の女性画家・陳進《ちんしん》*158もよく知られています。

また、台湾初の女性医師・蔡阿信《さいあしん》*159など、歴史の波濤《はとう》を乗《の》り越《こ》え、偉業《いぎょう》を残した先人《せんじん》には、多くの女性リーダーがおります。

今、台湾社会における女性の各分野での活躍は、アジアでもトップレベルにあると讃《たた》えられていますね。

張　ええ。とはいえ、過去を見ますと、台湾の女性の権利《けんり》は、四、五十年前まで、伝統《でんとう》的《てき》な観念《かんねん》を維持《いじ》するものでした。

儒教《じゅきょう》の経典《きょうてん》である『周易《しゅうえき》』の「家人《かじん》（＝家族の意）」の項《こう》には、「女が内を治《おさ》め、男が外で働く、天地がそうであるように、男女それぞれの持場《もちば》を正しく守ることは不変《ふへん》の大義《たいぎ》である」（『中国の思想7　易経』丸山松幸訳、徳間書店）と説かれています。

後漢《ごかん》の班昭《はんしょう》*160という女性は、『女誡《じょかい》』という書物《しょもつ》の中で「陰陽《いんよう》は性《せい》を殊《こと》にし、男女は行《おこ》ないを異《こと》にします。陽は剛《ごう》を徳《とく》としますが、陰は柔《じゅう》を用《よう》とします。（中略）ですから、敬順《けいじゅん》の道は、婦人《ふじん》の大礼《たいれい》であると言うのです」（「女誡」中島みどり訳注『列女伝』3所収、平凡社）と語ったことが記《しる》されています。

彼女はまた、女子の教育は、「婦徳《ふとく》（貞節《ていせつ》）」「婦言《ふげん》（言葉）」「婦容《ふよう》（身なり）」「婦功《ふこう》（家事）」という、「四徳《しとく》」を中心に行《おこな》われるべきだと考えていました。

池田　この「四徳」は、儒教の「三従《さんじゅう》四徳」――女性が従《したが》うべき三つの道と、守るべき四つの徳――に由来《ゆらい》するものですね。

「三従」とは、「家では父に従い、嫁《とつ》いでは夫《おっと》に従い、老いては子に従う」という考えですが、日本では、こちらのほうが、よく知られております。女性が置かれてきた現実《げんじつ》の厳《きび》しさを表現する言葉として、しばしば用《もち》いられてきました。

張　中国の女性史の中で唯一《ゆいいつ》の例外は、唐《とう》の高宗皇帝《こうそうこうてい》*161の妃《きさき》であった則天武后《そくてんぶこう》*162です。高宗皇帝は、健康が優《すぐ》れず、「常《つね》に眩暈《めまい》がして、眼《め》がよく見えなかった」ため、則天武后が「垂簾《すいれん》の政《まつりごと》」（陰《かげ》で政務《せいむ》を牛耳《ぎゅうじ》ること）を行い、高宗が崩御《ほうぎょ》してからは、さらに大きな権力《けんりょく》をふるうようになりました。そして自《みずか》らが皇帝となり、前後四十六年間にわたって政権《せいけん》の座《ざ》に就《つ》きました。

しかし、この史実《しじつ》は、伝統的な女性全体の地位の向上《こうじょう》を意味するものでは、決してありません。

池田　中国の伝統社会における女性の地位の変遷《へんせん》が論じられる際《さい》、しばしば取り上げられるのが、「纏足《てんそく》」*17の風習《ふうしゅう》ですね。

張　ええ。「纏足」は、漢民族《かんみんぞく》の封建《ほうけん》社会の「男尊女卑《だんそんじょひ》」の観念のもとで生まれた、悪《あ》しき習《なら》わしです。女性は四歳の時に布《ぬの》で足を包《つつ》み、「三寸金蓮《さんずんきんれん》」という名のとおり、それを小さく尖《とが》ったものにしたのです。

纏足廃止令《はいしれい》が下《くだ》されたこともありましたが、漢人《かんじん》の上級社会には受《う》け容《い》れられませんでした。なぜなら、纏足《てんそく》がすでに家柄《いえがら》や身分のつり合った女性の嫁入《よめい》りの重要条件《じゅうようじょうけん》となっていたからです。

中華民国総統《ちゅうかみんこくそうとう》の孫文《そんぶん》先生が、建国当初《けんこくとうしょ》の一九一二年に纏足厳禁《げんきん》の命令を下し、初めて著《いちじる》しい効果《こうか》が得《え》られるようになりました。

池田　よくわかりました。

さきほど、「教育と女性」のテーマに触《ふ》れましたが、「女性の地位の向上《こうじょう》」と「教育の発達」には、不可分《ふかぶん》の関係がありますね。

日本の植民統治下《しょくみんとうちか》の台湾では、新《あら》たな学校制度《せいど》のもと、女子に対する教育が行《おこな》われ、「新女性」と呼ばれる人々が誕生《たんじょう》しました。しかし、その教育制度も、台湾の方々には、不十分かつ不公平なものでしたね。

張　ええ。日本占領《せんりょう》統治時代、女子教育の学制《がくせい》が敷《し》かれたのは一九二二年のことです。しかし、中学以上の学校が受け入れたのは、依然《いぜん》として主《おも》に日本籍《にほんせき》の女子たちでした。

一九四四年を例に取ると、日本籍の大学生が二百六十八人であるのに比《くら》べ、台湾籍の大学生はわずか八十五人。専門学校における日本籍の学生総数が千四百四十二人であったのに対し、台湾籍の学生は三百六十八人です。日本籍の居住民《きょじゅうみん》は、台湾総人口の十分の一であったにもかかわらずです。

池田　「新女性」と呼ばれた少数の女性エリートたちも、抗日《こうにち》運動などに関《かか》われば、日本軍による厳《きび》しい弾圧《だんあつ》が加《くわ》えられました。

どれほど多くの人々が、日本の苛烈《かれつ》な植民地主義の犠牲《ぎせい》となったか。断《だん》じて許されない歴史です。

張　植民統治下の女子教育の歴史には、光と闇《やみ》が織《お》りなす、複雑《ふくざつ》で苛酷《かこく》なドラマが刻印《こくいん》されています。

女性教育を重視《じゅうし》した牧口初代会長

池田　これまでも紹介《しょうかい》してきましたが、牧口初代会長は、教育によって社会を変革《へんかく》しようとしました。

牧口先生は、教育改革《かいかく》を提唱《ていしょう》する一方、女性教育の重要性にも着目《ちゃくもく》し、小学校を卒業した女性に対して通信《つうしん》教育を行う「大日本高等女学会」を創立しています。同会では、女性のための教養《きょうよう》の一つとして、中国語を学ぶ『日清《にっしん》会話買物指掌《ししょう》』という本も出版しています。

女性の自立《じりつ》のためには、正しい知識と教養《きょうよう》が不可欠《ふかけつ》であるというのが持論《じろん》でした。そして自《みずか》ら、講義録《こうぎろく》『高等女学講義』や、女性のための月刊誌『大家庭』の編集・執筆《しっぴつ》に力を注《そそ》ぎました。実は、その『高等女学講義』の第一号の新刊案内《しんかんあんない》が、当時、『台湾日日新報《にちにちしんぽう》』(一九〇五年六月二十七日付)の一面にも掲載《けいさい》され、懇切丁寧《こんせつていねい》な特色《とくしょく》ある講義である、と紹介《しょうかい》されています。

牧口先生はさらに、庶民《しょみん》の女性の自立のために、学費《がくひ》のかからない「女藝教習所《じょげいきょうしゅうじょ》」を創設《そうせつ》し、その運営《うんえい》に心血《しんけつ》を注《そそ》ぎました。

男女を問わず、未来を担《にな》う青少年が、自らの才能《さいのう》の芽《め》を思う存分《ぞんぶん》に伸《の》ばし、幸福な人生《じんせい》を築《きず》き上《あ》げるための手助けをする——それが教育の本来《ほんらい》の「目的《もくてき》」であらねばならないというのが、牧口先生の信念《しんねん》でした。

張 牧口会長は偉大《いだい》な教育者です。女性教育を重視《じゅうし》し、男女平等《びょうどう》の教育制度《せいど》を発達《はったつ》させるべきだと訴《うった》えておられた。当時にあっては、極《きわ》めて先見性《せんけんせい》のある主張《しゅちょう》です。

池田 牧口先生はまた、学校は家庭の延長《えんちょう》であると考え、教育における「家庭」の役割《やくわり》の重要性《じゅうようせい》も強調《きょうちょう》しました。

ペスタロッチ[*163]が「家庭」について述べた有名な言葉にも、「汝《なんじ》は道徳《どうとく》と、そして国民を育てる学校である」(「政治と教育」『世界教育学選集』35所収、梅根悟訳、明治図書出版)とあります。父親や母親が、普段《ふだん》の生活の中で、どう振る舞《ふま》い、どのような会話をしているか——子どもたちは、その姿《すがた》からも、大きな感化《かんか》を受けていくものです。

張　子どもは、幼《おさな》くても、親の振る舞いや、さりげない言葉にも、敏感《びんかん》に反応《はんのう》するものです。それは、私たち大人《おとな》の想像《そうぞう》を、はるかに超《こ》えています。

池田　そうですね。感性《かんせい》の豊かな子どもたちから、大人が教えられることのほうが多いかも知れません。子どもを育てることで、親のほうが、むしろ成長させてもらっているとも言えるでしょう。「教育」は、「共育」である、と言われるゆえんですね。

青年の育成《いくせい》といえば、私は、中国の周恩来総理《しゅうおんらいそうり》*164を思い起こします。

周総理は、青年を伸《の》ばすためのポイントとして、「青年を尊重《そんちょう》すること」「青年を抜擢《ばってき》すること」「青年から学ぼうとすること」の三点を強調されていました。

周総理夫妻の「八互《はちご》の原則《げんそく》」

張　周恩来総理夫妻は、最も尊敬《そんけい》されるべき中国共産党のリーダーのお二人です。

実は、一九四〇年代に、国民政府が重慶《じゅうけい》に置かれていた時、周総理と私の父は、同じ「参政員《さんせいいいん》」でした。

聞くところによりますと、周総理は父の台湾教育への貢献《こうけん》を、すこぶる賞讃《しょうさん》していたそうです。

池田 周総理も父上も、偉大《いだい》な指導者《しどうしゃ》であり、教育者であられた。その教育への烈々《れつれつ》たる情熱《じょうねつ》と信念《しんねん》において、お二人の精神は深く響《ひび》き合《あ》っていたのではないでしょうか。

張 私も、そう思っております。

日本との国交正常化《こっこうせいじょうか》の際《さい》、周総理と池田先生は、事前の準備《じゅんび》に当たられ、大きな貢献をされました。創価大学のキャンパスに植樹《しょくじゅ》された「周桜《しゅうざくら》」は、今も毎年、美しい花を咲《さ》かせていますね。

私は、かつて天津《てんしん》の周恩来記念館《きねんかん》を訪《おとず》れたことがあります。そこに展示《てんじ》されていた二十世紀の一九二〇年代から七〇年代に至《いた》るまでの動乱《どうらん》の歴史に、往時《おうじ》を偲《しの》び、深い感慨《かんがい》を覚《おぼ》えたものです。

周総理の革命《かくめい》の戦友《せんゆう》であった鄧穎超夫人《とうえいちょうふじん》*165は、一九一九年、十五歳で五四運動《ごしうんどう》*2に参加《さんか》し、運動のリーダーになりました。当時、南開《なんかい》大学に学んでいた周恩来青年も、同じく五四運動に参加していました。二人は、そこで互《たが》いに知り合い、一九二五年、夫婦の契《ちぎ》

創価大学の周桜（東京・八王子）

りを結《むす》ばれたのです。

池田　鄧穎超《とうえいちょう》先生が、私ども夫婦《ふうふ》に、「五四運動が、私たちの仲人《なこうど》でした」と語っておられたことが忘《わす》れられません。

張　美しいお話です。周総理夫妻の「八五《はちご》の原則《げんそく》」こそ、夫婦愛の基礎《きそ》であると、私は思っております。

池田　この「八互の原則」は、まことにすばらしい。(『鄧穎超』西園寺一晃著、潮出版社〈参照〉)

「互《たが》いに愛し合う」
「互いに尊敬《そんけい》し合う」
「互いに励《はげ》まし合う」
「互いにいたわり合う」
「互いに譲《ゆず》り合《あ》う」
「互いに許《ゆる》し合う」
「互いに助け合う」
「互いに学び合う」

一方的な関係ではなく、「互いに」尊敬し、助け合う心があってこそ、人間として、ともに成長できる。

やはり、子どもにとっても、そうした家庭環境こそが、最高に恵《めぐ》まれた〝人生《じんせい》の学校〟と言えるのではないでしょうか。

ただし、「言うは易《やす》く行《おこな》うは難《かた》し」です（笑）。

モスクワ大学のサドーヴニチィ総長は、私との対談の中で、「家庭の教育力は、両親がいかに人間として成長しつづけているかに象徴《しょうちょう》される」（『学は光——文明と教育の未来を語る』池田大作、サドーヴニチィ著、潮出版社）と語っておられましたが、まったくそのとおりです。

家庭教育こそ未来を築《きず》く基盤《きばん》

張　家庭は、社会における最も小さな細胞《さいぼう》であると同時に、子どもにとって初めての学《がく》習《しゅう》の場所でもあります。

家庭教育こそ、国家の競争力《きょうそうりょく》の基礎であり、未来を築《きず》く基盤《きばん》です。

フィンランドの政府は、家庭教育の奨励《しょうれい》に力を入れ、子育ての手当《てあて》も充実《じゅうじつ》させています。働く母親の有給出産休暇《ゆうきゅうしゅっさんきゅうか》は、四カ月にもなります。またフィンランドでは、家庭で子どもたちに本や新聞を読み聞かせる習慣《しゅうかん》が定着《ていちゃく》していて、政府も就学《しゅうがく》前の子どもを図書館に連れていき、読書をさせることを推奨《すいしょう》しています。人口は、わずか五百万人余《よ》に過ぎないのですが、フィンランドには、千もの図書館があるのです。学生たちが、たびたび各種の学術《がくじゅつ》コンクールで優勝しているのも、家庭教育の成功によるものです。

池田　生活の質や発展の度合《どあ》いを表す「人間開発指数《かいはつしすう》」において、このフィンランドが常《つね》に世界のトップに位置しているのも、家庭教育の充実《じゅうじつ》が、その基礎《きそ》にあると言ってよいでしょう。

張　ところで、池田先生が、ご自身の家庭教育において、心がけてこられたことなどはありますか。

池田　これは、困《こま》りましたね（笑）。

わが家《や》では、私が多忙《たぼう》で留守《るす》にしていることが多いため、子どもの教育は妻《つま》が一手《いって》に引き受けてくれた、といっても過言《かごん》ではないからです。

ただ、私が妻とともに、子どもたちに伝えていたのは、次の四点です。

一、人のために、社会のために生きる。
一、すべての人に誠実《せいじつ》に。
一、信念《しんねん》は、一生涯《いっしょうがい》、貫《つらぬ》き通《とお》す。
一、勝つことよりも負けないこと。それが、すべてに勝っていくことになる。

海外に行った時も、激励《げきれい》の一言《ひとこと》を記《しる》した絵はがきを送ったりして、心の絆《きずな》を、常に保《たも》つように心がけました。しかし、多忙なため、なかなか約束《やくそく》したプレゼントを買う時間的な余裕《よゆう》もありません。そこで妻は、あらかじめ何か買っておき、私が帰宅した時に、プレゼントとして、子どもたちに渡《わた》せるよう用意してくれたこともありました。

張　奥様《おくさま》のすばらしいお心遣《こころづか》いですね。

今の父親は、仕事などに忙《いそが》しく、しかも学校の科目《かもく》も繁雑《はんざつ》であるため、父親一人の知識にも限界《げんかい》があり、自分で子どもたちを教えることは極《きわ》めて難《むずか》しいものとなっています。

しかし、イギリスの哲学者《てつがくしゃ》ジョン・ロックが「父親の子女《しじょ》に対する教育の最大の功能《こうのう》とはすなわち身をもって範《はん》を示《しめ》すことである」と述べているように、その性格や振《ふ》る舞《ま》いが子どもたちに与《あた》える影響《えいきょう》は何よりも大きいのです。

池田　イギリスのサッチャー首相《しゅしょう》は、父上への感謝《かんしゃ》の思いを、私に語っておられました。

若き日より、父上から「ベストをつくせ。たとえ失敗しても、もう一度、トライせよ。そして再びベストをつくせ」と、繰《く》り返《かえ》し教えられたそうです。また「多数に追随《ついずい》するな。自分自身で決断《けつだん》せよ。そして人々を納得《なっとく》させ、リードしていけ」とも諭《さと》された。

「こうした指針《ししん》を与《あた》えてくれた父を、そして自《みずか》ら、よき手本を示《しめ》してくれた父を、私は心から尊敬《そんけい》しています」と、サッチャー首相は、しみじみと語っておられました。

（『聖教新聞』一九八九年五月二十四日付）

首相の断固《だんこ》たるリーダーシップが、父上の厳《きび》しくも温《あたた》かい薫陶《くんとう》によって育《はぐく》まれたことが伝わってきました。

大人《おとな》が子どもの模範《もはん》に

張　中国の伝統《でんとう》社会において、学校教育が普及《ふきゅう》する以前は、父親が常《つね》に自ら、その学《がく》識《しき》や技能《ぎのう》を伝授《でんじゅ》していました。

いわゆる「家学淵源《かがくえんげん》」――その家に代々《だいだい》伝わる学問的気風《きふう》とでも言いましょうか。それが、士大夫《したいふ》*63（知識人）の家庭にはありました。

たとえば、博学多才《はくがくたさい》であった後漢《ごかん》の班彪《はんぴょう》*166は、自ら子女《しじょ》を教育しました。その結果、彼の息子である班超《はんちょう》*167は筆《ふで》を投げ捨てて従軍《じゅうぐん》し、西域《さいいき》を平定《へいてい》し、班固《はんこ》*168は九歳にして文才《ぶんさい》に長《た》け、長《ちょう》じてますます博学《はくがく》ぶりを発揮《はっき》しました。

『漢書《かんじょ》』を完成させようと努《つと》めた父・班彪の跡《あと》を継《つ》ぎ、班固は二十年の歳月《さいげつ》をその執筆《しっぴつ》に費《つい》やします。しかし、『八表《はちひょう》』と『天文志《てんもんし》』を完成せずして亡《な》くなりました。すると今度は、その妹の班昭《はんしょう》が引き継ぎ、完成させたのです。

池田　ここでも、女性の力が光っていますね。

ともあれ、先人《せんじん》の尊《とうと》き志《こころざし》を、断固《だんこ》として受け継いでいく。それは、人間として最高に尊い生き方ではないでしょうか。

日本でも、室町《むろまち》時代の能役者《のうやくしゃ》・世阿弥《ぜあみ》*169の編《あ》んだ『花伝書《かでんしょ》（風姿《ふうし》花伝）』に、「年来稽古《ねんらいけいこ》条々《じょうじょう》」と題するくだりがあります。子どもに能を学ばせるに当たっての心構《こころがま》えを説いたものです。

「十七八より（十七、十八歳より）」の項《こう》には「心の中には念力《ねんりき》を起《おこ》して、『おれの一生《いっしょう》の分《わ》かれ目はここだ』と、一生涯《いっしょうがい》にかけて能を捨てない決心を固《かた》める以外に、稽古の方法はない」（『花伝書』川瀬一馬校注、講談社）と記《しる》されている。

当時は数《かぞ》え年《どし》ですから、今でいえば高校生になるでしょうか。この時期に、一生の「大志《たいし》」「大願《だいがん》」を定《さだ》め、その道を、胸を張って進んでいく。

子どもが、そうした自立《じりつ》の人生《じんせい》を、希望《きぼう》に燃えて、たくましく歩《あゆ》めるように、大人《おとな》自身がその模範《もはん》となって、わが信念《しんねん》の道を歩み抜《ぬ》いていくことが大切《たいせつ》ではないでしょうか。

どのような時代であれ、その姿《すがた》と信念こそ、次の世代への、かけがえのない〝宝物〟となるものです。

4　人間生命の光彩輝《こうさいかがや》く世紀を

卒業生の活躍《かつやく》が創立者の最大の喜び

池田　「さまざまの事おもひ出す桜《さくら》かな」――これは、江戸《えど》時代の俳人《はいじん》・松尾芭蕉《まつおばしょう》*170の有名な俳句《はいく》です。

東京の八王子市にある私どもの創価大学では、春になると、キャンパス一面が、満開《まんかい》の桜に包《つつ》まれます。

これまでは、爛漫《らんまん》と咲《さ》き薫《かお》る〝桜花《おうか》〟とともに〝入学式〟を迎《むか》えるのが常《つね》でした。ところが近年《きんねん》では、三月の〝卒業式〟に桜が咲き、卒業生を見送る年さえあります。これも、地球温暖化《おんだんか》の影響《えいきょう》でしょうか。

台湾では、九月に入学式、六月に卒業式が行《おこな》われますが、季節《きせつ》はともあれ、立派《りっぱ》に成長した卒業生たちが、社会に旅立っていく姿を見る時ほど、胸躍《むねおど》る瞬間《しゅんかん》はありません。そして、卒業生の活躍《かつやく》は、何よりもうれしいものです。
この思いを、張理事長と私は共有《きょうゆう》しております。

張　ええ。わが中国文化大学の創立十周年の記念式典《きねんしきてん》で、創立者である父は語りました。
（一九七二年三月一日）

「『耕作《こうさく》のみを問い、収穫《しゅうかく》を問わず』という言葉があるが、耕作は苦しく、収穫はすばらしい。時として、耕作時には想像《そうぞう》もつかなかった豊かな収穫が得《え》られることもある」と。

苦難《くなん》の果《は》てに中国文化大学を創立した父が、最も喜んだのが、卒業生の活躍でした。
この記念式典で、父は面白《おもしろ》いことを言いました。

「建学《けんがく》以来、皆《みな》が興味《きょうみ》深げに語る物語がある。それは創立記念日、あるいは重要《じゅうよう》な記念日が訪《おとず》れるたびに、雨が晴れに変わり、ぱっと明るくなって、精神が奮《ふる》い立《た》つというものである」

実は、この式典の時も、そうでした。前夜来《ぜんやらい》の悪天候《あくてんこう》が、朝になってみると、うって変わり、風は穏《おだ》やかで、陽光《ようこう》が燦然《さんぜん》と降《ふ》り注《そそ》ぎました。
父は、「まことに愉快《ゆかい》このうえない。これぞ、すなわち、古人《こじん》の言う『天は苦心《くしん》の人

満開の桜に包まれる創価大学のキャンパス（2007年4月）　［池田SGI会長撮影］

を裏切《うらぎ》らない』ではあるまいか！」と快哉《かいさい》を叫《さけ》びました。

池田　一幅《いっぷく》の名画《めいが》のような光景《こうけい》です。

そう言い切れるだけの公明正大《こうめいせいだい》な人生《じんせい》を、父上が歩《あゆ》んでおられたこと自体《じたい》がすばらしい。

晴天《せいてん》といえば、昭和三十三年（一九五八年）の三月十六日、この日も清々《すがすが》しい青空が広がっていました。その日、白雪《はくせつ》に光る富士の山を仰《あお》ぎ見《み》つつ、恩師・戸田第二代会長のもとに六千人の青年が集《つど》ったのです。

私は、その儀式《ぎしき》の司会役《しかいやく》を務《つと》めました。

席上《せきじょう》、恩師は、「われらは精神界の王者《おうじゃ》なり！」との大確信を吐露《とろ》し、ご自身の人生の勝利の宣言《せんげん》をされました。

そして、平和・文化・教育を興隆《こうりゅう》させ、世界の平和と全人類《ぜんじんるい》の幸福のために貢献《こうけん》しゆくことを、後継《こうけい》の青年たちに未来の指標《しひょう》として示《しめ》されたのです。

これまで、私が世界五十四カ国・地域を歴訪《れきほう》し、対話によって相互《そうご》理解の促進《そくしん》に努《つと》めてきたことも、また創価大学、創価学園などを創立し、恩師の教育構想《こうそう》を実現してきたことも、さらには民音《みんおん》（民主音楽協会）や東京富士美術館などを設立《せつりつ》したことも、この五十年前の「師弟誓願《していせいがん》の儀式《ぎしき》」が原点《げんてん》となっています。

張　池田先生は、半世紀にわたり、孜々《しし》として、師匠《ししょう》・戸田会長との約束《やくそく》を果《は》たしてこられたわけですね。

世界の大学から贈《おく》られた「二百五十」を超《こ》える名誉学術称号《めいよがくじゅつしょうごう》（＝二〇一〇年一月末現在で二七四となった）は、池田先生の人類への偉大《いだい》なる貢献と、誠実一路《せいじついちろ》で師弟の道に徹《てっ》し抜《ぬ》いてこられた人生《じんせい》への賞讃《しょうさん》の証《あかし》です。

宗教者と教育者の責任《せきにん》は、時空《じくう》を超越《ちょうえつ》した基本原理《きほんげんり》を守ることにあります。

これが、すなわち「道」です。

「慈悲《じひ》」「仁愛《じんあい》」「善良《ぜんりょう》」「人権《じんけん》の尊重《そんちょう》」「平等《びょうどう》」などは、いずれも、世界が共通して準《じゅん》ずるべき「道」であり、すべての宗教の基本的教義《きょうぎ》でもあります。

中国文化大学の卒業式で学生を励ます張理事長　©Chinese Culture University

池田　深いご理解に感謝《かんしゃ》いたします。

人を救《すく》い、平和に尽《つ》くしていくことが、正しい宗教です。そして「人を救おう」という信念《しんねん》を育てる。それが宗教です。また、そうあらねばなりません。

一方、教育は、普遍的《ふへんてき》な開かれた知性《ちせい》をもって、人を育成《いくせい》していく。

前にも理事長と論じ合いましたが、この「宗教」と「教育」が両輪《りょうりん》となってこそ、人間は正しき道を進んでいけるのではないでしょうか。

歴史を振《ふ》り返《かえ》れば、宗教が悪用《あくよう》されて、人間の心をねじ曲げ、無用の紛争《ふんそう》を引き起こしたこともあった。

傲慢《ごうまん》な聖職者《せいしょくしゃ》が、信徒《しんと》を奴隷《どれい》の如《ごと》く見《み》

下《くだ》し、金もうけの手段《しゅだん》にしたこともあった。
そんな歴史は断《だん》じて繰《く》り返《かえ》してはならない。「宗教のための人間」から「人間のための宗教」の時代へと転換《てんかん》し、人類《じんるい》の平和と文化に貢献《こうけん》していく。それが私たちの使命であると思っています。

張　よくわかります。国父《こくふ》・孫文《そんぶん》先生は、民国《みんこく》元年（一九一二年）、北平《ペーピン》（北京《ペキン》）において、教会の人士《じんし》たちを対象《たいしょう》に講演《こうえん》を行《おこな》いました。

「宗教上の道徳《どうとく》をもって、政治の及《およ》ばざるところを補《おぎな》うべし」と。

さらに、こうも言いました。

「宗教と政治は、連帯《れんたい》の関係を有《ゆう》するものである。国家政治の進歩は、宗教が、その及《およ》ばざるところを補ってくれるのに頼《たよ》るほかなしである。それは、宗教こそ、道徳に富《と》むものであるがゆえである」と。

池田　まことに重要《じゅうよう》な講演の一節《いっせつ》を引用《いんよう》してくださいました。これは普遍《ふへん》の真理《しんり》です。
ともあれ、宗教が本来《ほんらい》もつ道徳性や倫理性《りんりせい》を、人間の幸福と社会の向上《こうじょう》のために発現させていくことが、今ほど求められている時はありません。
それは、人類が進むべき「教育」と「文化」の王道《おうどう》*3にも連動《れんどう》しております。

近代ヨーロッパ哲学《てつがく》に衝撃《しょうげき》を与《あた》えた中国文化

池田 私は、若き日、恩師のもとで、中国文化の精髄《せいずい》であり、東洋の思想を代表する『論語《ろんご》』[*25]を学んだことを、いつも懐《なつ》かしく思い起こします。

聖徳太子《しょうとくたいし》の「十七条憲法《けんぽう》」は、七世紀に制定《せいてい》された日本最初の成文法《せいぶんほう》として知られていますが、その第一条「和を以《もっ》て貴《とうと》しと為《な》す」――これも、『論語』の一節から来ています。

また儒教《じゅきょう》の思想は、フランス革命《かくめい》など、近代のヨーロッパにも影響《えいきょう》を与《あた》えました。「己《おのれ》の欲《ほっ》せざる所は、人に施《ほどこ》すこと勿《なか》れ」（『新釈漢文大系1 論語』吉田賢抗著、明治書院）等の言葉は、啓蒙《けいもう》思想の源泉《げんせん》となったと言われていますね。

張 ええ。たとえば、一六八九年に『論語』と『大学』の両書がラテン語に翻訳《ほんやく》され、パリで出版されました。そして、ヴォルテール[*171]らヨーロッパの学者たちは、いずれも、中国の文化は公正《こうせい》で、仁愛的《じんあいてき》なものであり、中国の社会制度《せいど》は完璧《かんぺき》なものであると考えました。

また、一八四八年に「四書《ししょ》」の訳本《やくほん》を読んだアメリカの文学者エマソンは、孔子《こうし》をこよなく尊敬《そんけい》し、彼を、「哲学《てつがく》におけるワシントン」と呼びました。

池田 そうでしたね。私が対談したヨーロッパ統合《とうごう》の父・クーデンホーフ＝カレルギー伯《はく》も、儒教《じゅきょう》が近代ヨーロッパ哲学に影響《えいきょう》を与《あた》えた衝撃《しょうげき》を、感動深く語っておられました。

「十八世紀から十九世紀にかけ、フランスは中国をキリスト教化するため、たくさんの宣教師《せんきょうし》を送《おく》り込《こ》みましたが、失敗に終わりました。中国をキリスト教化するどころか、フランス自身が中国から大きな影響を受けたのです」（前掲「文明・西と東」）と。

そして、その理由として、中国に送られた宣教師たちが、儒教の古典《こてん》を翻訳《ほんやく》してフランスへ送り、フランスの指導者層《しどうしゃそう》や哲学者たちが影響を受けた点を挙《あ》げられました。

そして、こう結論されたのです。

「彼らは、キリスト教文明とは縁《えん》のないところに一大文明国が存在《そんざい》し、しかもその国の倫理《りんり》的《てき》水準《すいじゅん》が非常に高いのに驚《おどろ》きました。このように儒教の影響を受けた哲学は、フランス革命《かくめい》や現代科学の源泉《げんせん》となったのです」（同前）と。私も深く賛同《さんどう》いたしました。

張 儒教文化の卓越性《たくえつせい》を見事《みごと》に示《しめ》したお話です。

イギリスの哲学者ホワイトヘッド[*172]は、その著作《ちょさく》『科学と近代世界』に、「中国の芸術《げいじゅつ》、

易経をひもとく孔子とその弟子たち
©Mary Evans/PPS

中国の文学、中国の人生哲学《じんせい》を理解すればするほど、我々《われわれ》は、中国文化の飛《と》び抜《ぬ》けて勝《すぐ》れた境涯《きょうがい》に、敬慕《けいぼ》の情《じょう》をおぼえずにはいられない」と記《しる》しました。

同じく、イギリスの哲学者ラッセル[*173]は、「西洋文化の優《すぐ》れた点は、科学的方法にあり、中国文化の優れた点は、合理的《ごうりてき》な生活概念《がいねん》にある」と記しています。

中国文化の中心的思想＝「仁《じん》」

池田　文豪《ぶんごう》ゲーテも、中国の精神性に魅了《みりょう》された一人です。ゲーテは、中国文学に通底《つうてい》する卓越した道徳性《どうとくせい》や、人間と自然との共存《きょうそん》の思想などに感嘆《かんたん》しながら、こう語っています。

「万事《ばんじ》につけて、こういう厳格《げんかく》な中庸《ちゅうよう》の精神があったからこそ、支那（＝中国）という国家が数千年にわたって維持《いじ》されてきたのだし、これからも長く存在《そんざい》していくだろう」（『ゲーテとの対話』エッカーマン著、山下肇訳、岩波書店）と。

ところで、父上の張其昀《ちょうきいん》博士は、まことに興味《きょうみ》深い、そして鋭《するど》い問題提起《ていき》をされております。それは、中国文化の中心的な思想を、ただ一文字《ひともじ》をもって総括《そうかつ》するならば、何という文字になるか、という問いです。

そして父上は、その問いに、自《みずか》ら「仁《じん》」という一文字をもって答えられました。

張　その点について申し上げれば、孔子《こうし》は、「仁とは何か」と問われ、「人を愛すること」と答えました。

孟子《もうし》*19は、「ただ仁者《じんしゃ》だけが、自分の国は大国でありながら、近隣《きんりん》の小国に対しても、それをあなどることなく、よく礼をつくして交《まじ》わることをする」（『新釈漢文大系4　孟子』内野熊一郎著、明治書院）と言い、朱子《しゅし》*174は、「仁」を「心の徳、愛の理」としました。

池田　「仁」について、孔子はこのようにも言っていますね。

「仁者は困難《こんなん》なことをみずから進んで実行し、報酬《ほうしゅう》利益《りえき》のことを考えない」

「言葉を慎《つつし》んでジット耐《た》え忍《しの》ぶ」（前掲『新釈漢文大系1　論語』）

一つ一つ、深く納得《なっとく》できます。

張　邪悪《じゃあく》に対しては、言論《げんろん》の力で厳《きび》しく糾明《きゅうめい》していく強さも、「仁」です。

孔子はこのように言っています。

「仁にさえ 志《こころざ》しておれば、悪の芽生《めば》える憂《うれ》いはない」

「仁者だけがその心が公平無私《こうへいむし》だから、好《この》むべき人を好み、にくむべき人を悪《にく》むことが出来《でき》るものだ」

「仁者は必ず勇有《ゆうあ》り」（同前）

池田　非常に大事な点です。アメリカにおける中国思想研究の第一人者であるドゥ・ウエイミン博士[*18]と対談した時も、この点が話題《わだい》となりました。

ドゥ博士は、語られておりました。

「（仁は）穏《おだ》やかで寛容《かんよう》なイメージもありますが、人間を分断《ぶんだん》する悪に対しては厳然《げんぜん》と処《しょ》する面を併《あわ》せもっています。悪を見過《みす》ごしたり、傍観《ぼうかん》したりするのではなく、厳しく対峙《たいじ》していくのです」（『対話の文明』池田大作、ドゥ・ウェイミン著、第三文明社）

「悪」は「悪」であると厳しく言い切っていくことが、本当の勇気であり、相手への慈《じ》悲《ひ》です。

「仁《じん》」とは、決して特別なことではない。何かの修行《しゅぎょう》を積《つ》んだり、生まれが問われたり、肩書《かたがき》がなければ発揮《はっき》できないようなものでもない。「仁」とは、ごく身近《みぢか》にあるもの――誠実《せいじつ》であり、思いやりであると、孔子は言っています。

張　そのとおりです。

ある弟子《でし》が孔子に尋《たず》ねます。

「もしひろく民《たみ》全体に恩恵《おんけい》を施《ほどこ》し、よく多数の人を救済《きゅうさい》することができたら、仁と言えましょうか」と。

孔子は答えます。

「お前は仁というものを大変高遠《こうえん》なものと考えているようだが、仁はもっと手近《てぢか》なものである」と。

具体的に言えば、「自分が立ちたいと思う時に、まず他人《たにん》を立たしめる。自分が到達《とうたつ》したいと思うことは、まず他人を到達せしめる」（前掲『新釈漢文大系1　論語』）ことだと。

そして――仁とは、自分と他人を隔《へだ》てず、自分の身に当てはめて、自分の善意《ぜんい》を人に施していくことである――と言います。

池田　これは「奉仕《ほうし》」とも言えるし、「同苦《どうく》」とも言えるでしょうか。究極的《きゅうきょくてき》には、観念《かんねん》とか抽象論《ちゅうしょうろん》ではない。

「苦しんでいる人を、放《ほう》っておけない」――この人間性の発露《はつろ》が「仁」ではないでしょうか。

それはまた、釈尊《しゃくそん》の心とも一致《いっち》しております。またキリストの心、ムハンマド*175の心にも通じているはずです。

古今《ここん》の聖哲《せいてつ》の教えも、論《ろん》じ詰《つ》めれば、原点《げんてん》は、この「人間愛」にある。それは、いつの時代、社会においても、普遍《ふへん》の価値《かち》ではないでしょうか。

張　まったく同感《どうかん》です。父は言いました。

「仁を識《し》ることの意義《いぎ》は、具体的にいうならば、すなわち、人間性を発揮《はっき》し、人権《じんけん》を擁《よう》護《ご》し、人格《じんかく》を発揚《はつよう》し、人間の力を発展させることにある」

「仁」とは、おっしゃるとおり、人間として「いかに生きるか」を教えたものと言えます。

父はこうも言いました。

「現代の言葉を用《もち》いるならば、仁とは、ヒューマニズムとでも言うべきか。仁とは、すなわち、万物《ばんぶつ》の本体であり、人間と万物は、皆《みな》、これを有《ゆう》している」と。

儒教《じゅきょう》では、「天人合一《てんにんごういつ》」を説きますが、父は、「天」と「人」、すなわち、万物と人間を結《むす》ぶものとしての「仁《じん》」を見いだしていました。

「文明の差異《さい》」を認《みと》め合い「文明の共生《きょうせい》」する社会へ

池田　これまでにも述べましたが、大乗《だいじょう》仏教の精髄《せいずい》の思想もまた、あらゆる生命の源《みなもと》である「外なる大宇宙」と、人間生命の内奥《ないおう》に広がる「内なる小宇宙」を貫《つらぬ》く法則として、「宇宙根源《こんげん》の法」を洞察《どうさつ》しています。

ドゥ・ウェイミン博士は、こうも語っていました。

「今、私たちは、他者《たしゃ》や自然から切《き》り離《はな》され、分断《ぶんだん》されています。そうした現代の暴《ぼう》力《りょくてき》的な変化の危険《きけん》に打ち勝つためには、『仁』の力、また大乗仏教の『慈悲《じひ》』の力が必要であると、私は訴《うった》えたいと思います」（前掲『対話の文明』）と。

「仏教ヒューマニズム」と「儒教《じゅきょう》ヒューマニズム」は、今後さらに宗教・思想との対話と交流を通して、地球共同体《きょうどうたい》における「多様性《たようせい》の中の統一《とういつ》」という規範《きはん》を示《しめ》しゆく、精神的源泉《げんせん》となっていくべきでありましょう。

張　私も同じ意見です。一九九三年にハーバード大学のハンチントン[*176]教授が著《あらわ》した論文「文明の衝突《しょうとつ》?」は、学術界《がくじゅつかい》の熱い討論《とうろん》を巻《ま》き起《お》こしました。

ドゥ・ウェイミン博士と会談する池田SGI会長（2005年4月1日、東京）
©Seikyo Shimbun

人類《じんるい》は、その歴史において、およそ四千回余《あま》りにも及《およ》ぶ戦争を体験してきましたが、「宗教」や「種族《しゅぞく》」といった「文化の違《ちが》い」によって引き起こされたものが、あまりにも数多くあります。

西洋世界が「宗教」によって引き起こした戦争に関する記述《きじゅつ》は、歴史書に絶《た》えず現《あらわ》れています。十字軍《じゅうじぐん》は幾度《いくど》も東に遠征《えんせい》しましたし、ヨーロッパは、ギリシャ正《せい》教《きょう》、カトリック、プロテスタントの分裂《ぶんれつ》によって、和解《わかい》と統一《とういつ》の術《すべ》をなくしてしまいました。

また、第二次世界大戦の終結後《しゅうけつご》には、新興《しんこう》国家が雨後《うご》の竹の子の如《ごと》く誕生《たんじょう》しました。

ソビエト社会主義共和国連邦《きょうわこくれんぽう》（ソ連）は、その六十九年にわたる統治《とうち》にもかかわらず、文明、とりわけ「宗教」の差異《さい》を取《と》り除《のぞ》くことができず、ついに分裂崩壊《ぶんれつほうかい》してしまいました。

幸いにも、東アジアの「南北朝鮮《なんぼくちょうせん》」や「中国と台湾」の間には、歴史的に受《う》け継《つ》がれた文化の断層《だんそう》なるものは存在《そんざい》していません。

池田　おっしゃる意味は、よくわかります。

「文明の差異」を、いかにして「文明の共生《きょうせい》」「文明の対話」へと導《みちび》いていくか。

そして、いかにして「生命」に最上《さいじょう》の価値《かち》を見いだす、人類《じんるい》の普遍的《ふへんてき》な「平和の文化」を創造《そうぞう》していくか。まさに「新しい精神のシルクロード」の開拓《かいたく》に世界中の人々が協力していかねばなりません。

人類の教師・孔子《こうし》は述べています。

「君子《くんし》が己《おのれ》の身を持《じ》するに敬《けい》を以《もっ》てして過失《かしつ》のないように努《つと》め、人との交際《こうさい》に恭《きょう》を以てして礼に合うようにしたならば、天下の人が皆《みな》己を敬愛《けいあい》して兄弟と同じように温《あたた》かい心で接してくれ、世界中の人が皆兄弟となるのである」（前掲『新釈漢文大系1　論語』）と。

人間ですから、「違《ちが》い」があって当たり前なのです。その「違い」を、相手の「間違《まちが》い」と決めつけ、「欠点《けってん》」として非難《ひなん》し、攻撃《こうげき》する。それは、あまりにも愚《おろ》かです。相手の差異を非難するのではなく、差異を認《みと》め合《あ》い、尊敬《そんけい》し、学び合う。相手に耳を傾《かたむ》け、誠実《せいじつ》に対話していく。

簡単《かんたん》なようですが、ここに「仁《じん》」の真骨頂《しんこっちょう》があるのではないでしょうか。

それは、国家と国家の間でも、また身近《みぢか》な近隣《きんりん》同士や友人関係においても共通する、人間社会の普遍《ふへん》の方程式《ほうていしき》であると思います。

張　その意味でも、教育が大事ですね。

父は明言《めいげん》しました。

「教育と政治の最終的な目的《もくてき》は、『仁』の実現にある」と。

また父は、孫文《そんぶん》先生の次の言葉を文集《ぶんしゅう》に書《か》き留《とど》めています。

「一人ひとりが奉仕《ほうし》を目的とすべきであり、奪取《だっしゅ》を目的としてはならない。聡明《そうめい》にして才能にたけた人であればあるほど、その能力の限りを尽《つ》くして、千万の人々に奉仕し、千万の人の幸福を築《きず》くべきである。

こうして初めて、人の世の不平等《ふびょうどう》をなくし、真の平等という目的を達成《たっせい》することができるのである。

生まれつきの聡明《そうめい》さや能力といったものには不平等《ふびょうどう》も存在するが、人類《じんるい》は、奉仕《ほうし》という道徳的《どうとくてき》精神の発達《はったつ》により、必ず、それを平等ならしめることができるのである」と。「奪《うば》う」ためではなく、「奉仕」のために学ぶ。それは、わが中国文化大学の精神でもあります。

父は、次のようにも訴《うった》えていました。

「『無我《むが》』にして初めて、『無私《むし》』たりえ、『無私』にして初めて、『無畏《むい》』たりえる。大学教育の最も貴《とうと》ぶべきことは、この『大無畏』の精神である」と。

池田　まことに崇高《すうこう》な教育哲学《てつがく》です。無私の精神であってこそ、畏《おそ》れなき心で前進ができる。

仏典には「才能ある畜生《ちくしょう》」という言葉があります。一次元《じげん》から言えば、庶民《しょみん》から遊《ゆう》離《り》して、自身の欲望《よくぼう》のために他者《たしゃ》を犠牲《ぎせい》にして恥《は》じぬエリートたちということでしょうか。この転倒《てんとう》が、どれほどまかり通ってしまったことか。

民主主義と自由の扉《とびら》を開いたゴルバチョフ

張　そのとおりです。私が注目してきた現代の指導者《しどうしゃ》の一人に、元ソ連大統領《だいとうりょう》のゴルバチョフ[*7]氏がいます。

氏が、ソ連の政治家として、彗星《すいせい》の如《ごと》く現《あらわ》れ、「グラスノスチ（情報公開）」と「ペレストロイカ（改革《かいかく》）」の政策《せいさく》などを打ち出し、世界を転換《てんかん》していったことは歴史の事実です。

氏は、ソ連共産党の書記長に就任《しゅうにん》した時、国内では並《なら》ぶ者のない絶対的《ぜったいてき》な権力《けんりょく》をもっていました。その「全能《ぜんのう》」ともいうべき権力を自《みずか》ら制限《せいげん》して、民衆のために、民主主義と自由の扉《とびら》を開いたのです。自らの特権《とっけん》を手放《てばな》すことになることも覚悟《かくご》のうえでした。

池田会長は、ゴルバチョフ氏をよくご存《ぞん》じですね。ゴルバチョフ氏は、モスクワ大学時代に、プラトン[*177]、デカルト[*178]、カント[*142]、ベーコン[*179]やロックなどの哲学思想を学んでいます。それを通して、自由主義と理性《りせい》主義を身につけた氏は、「地域間の協力《きょうりょく》」と「国際間の共存共栄《きょうぞんきょうえい》」を強調《きょうちょう》するようになったのです。

池田　おっしゃるとおりです。ゴルバチョフ氏とは、対談集も発刊《はっかん》しました。

氏の人生《じんせい》は、先駆者《せんくしゃ》の宿命《しゅくめい》ゆえに、波瀾万丈《はらんばんじょう》の苦難《くなん》の連続でした。しかし、最大の理解者であるライサ夫人とともに、厳然《げんぜん》と信念《しんねん》の道を歩《あゆ》んでこられた。

夫人が逝去《せいきょ》される二年前の一九九七年、私は錦秋《きんしゅう》の関西創価学園にご夫妻をお迎《むか》えしました。

その際《さい》、ライサ夫人は、学園生に遺言《ゆいごん》のように語ってくれました。

「人生《じんせい》には、さまざまな痛手《いたで》を受けることがあります。心の傷《きず》が癒《い》えないこともあります。必ずしも、夢のすべてを実現できるわけでもありません。しかし『達成《たっせい》できる何か』はあります！　何か『実現できる夢』は必ずあるのです！　だから、最後に勝利する人とは、たとえ転《ころ》んでも、立ち上がり、再び前に進む人です」と。

学園生たちの心に、今もこの言葉が響《ひび》いています。

ゴルバチョフ氏が訴《うった》えてきたように、「戦争のない世界」「核兵器《かくへいき》のない世界」「差別《さべつ》や飢餓《きが》のない世界」「すべての母と子が笑い合える世界」を、未来に続く若い世代のために築《きず》いていく責務《せきむ》が、私たちにはあります。

人間の中へ、人間とともに

張　まったく同感です。孔子《こうし》一門が生きた時代も、春秋戦国《しゅんじゅうせんごく》の乱世《らんせ》でした。孔子の弟《で》子《し》の一人である子路《しろ》*180が、ある隠者《いんじゃ》から、次のように言われます。

関西創価学園で生徒たちの歓迎に応えるゴルバチョフ元大統領夫妻と池田SGI会長夫妻（1997年11月20日、大阪）　©Seikyo Shimbun

——乱《みだ》れて救《すく》いようがない世の中で、人と協力して平和な世の中をつくろうなんて考えるのは、むだなことだ。そんな世の中からは去って、隠遁《いんとん》生活を送ったほうがよい——と。

　子路が、それを師匠《ししょう》の孔子に報告すると、孔子は言いました。

「いかに世を避《さ》けて生きるといったって、まさか鳥や獣《けもの》と一緒《いっしょ》になって生きていけようか。わたしはこの人間仲間と一緒になっていくのでなくて、一体誰《だれ》と手をとり合っていくことができよう。結局《けっきょく》この人間社会以外にはないではないか」（前掲『新釈漢文大系1　論語』）

　この逸話《いつわ》を通して、父は、こう言いまし

た。

「人間は、政治や社会を離《はな》れて生きていけるものではない。他者《たしゃ》との往来《おうらい》によって、初めて、自我《じが》の完成もあるのだ」と。

池田　まことに深い洞察《どうさつ》であり、哲学《てつがく》です。

人間は、人間の中でこそ生きていける。成長していける。

日蓮仏法では、「一人を手本として一切衆生平等《いっさいしゅじょうびょうどう》」(『御書』五六四ページ)と、人間の平等が宣言《せんげん》されております。

一人の人間の生命を徹底《てってい》して掘《ほ》り下《さ》げ、そこに人間の普遍的《ふへんてき》な「尊厳性《そんげんせい》」——「仏性《ぶっしょう》」を見いだしたのです。そして、あらゆる人間に備《そな》わる尊貴《そんき》なる生命を輝《かがや》かせゆく方途《ほうと》を教えているのです。

一人ひとりの青年の生命を最高に輝かせゆくことで、現代の混迷《こんめい》の闇《やみ》を照《て》らし、人類《じんるい》の希望《きぼう》の未来を照らしていく——これこそが「教育と文化の王道《おうどう》」であり、使命であると思っております。

張理事長との対談は、その貴重《きちょう》な一歩になったと、私は深く確信し、そして感謝《かんしゃ》しております。

私は、尊敬《そんけい》する張理事長とともに、そして貴・中国文化大学の先生方とともに、いよいよの心《こころ》意気《いき》で、未来のために進んでまいりたいと思っています。

張理事長、長い間、本当にありがとうございました。

張　人間の中へ、人間とともに――ここに孔子《こうし》の人間教育があり、池田先生の平和行動の真髄《しんずい》があります。

こうした対談ができたことを、私のほうこそ感謝しております。

これからも、大同《だいどう》世界の実現へ、「教育と文化の王道」を、私も、ともどもに進んでまいりたいと決意しています。

【注】

＊1　国立中央図書館　一九三三年、中国国民党政府によって南京に設立された公立図書館。第二次世界大戦後、国民党と共産党の内戦を避けて蔵書を台湾に移送し、五四年、台北にて復興され再び開館。九六年に国家図書館と改名された。

＊2　五四運動　一九一九年五月四日に中華民国・北京から始まった反日運動。同年一月、第一次世界大戦終結にともなうパリ講和会議が開催され、ベルサイユ条約で、日本がドイツから奪った山東省の権益が国際的に認められた。これに抗議して、学生デモ、労働者のストライキが全国に広がった。

＊3　王道　儒教で説かれる「徳」に基づく政治のこと。反対に、武力・策略による支配・統治を「覇道《はどう》」と呼ぶ。

＊4　ハーバード大学での講演　一九九一年九月二十六日、アメリカ・ハーバード大学ケネディ政治大学院ウィナー講堂で、池田SGI会長は同大学院の招聘《しょうへい》により、「ソフトパワーの時代と哲学」と題する講演を行った。

＊5　ハンス・ケルゼン（一八八一〜一九七三）オーストリアの公法学者、国際法学者。第一次世界大戦後、オーストリア憲法の起草に参画。憲法裁判所判事などを務めた。ユダヤ系のためナチス・ドイツの迫害を逃れてアメリカに亡命。著書に『一般国家学』『純粋法学』などがある。

＊6　中国社会科学院の講演　池田SGI会長は、一九九二年十月十四日、中国の北京にある社会科学研究の最高学術機関・シンクタンクである中国社会科学院で、「21世紀と東アジア文明」と題する講演を行った。

＊7　ゴルバチョフ　ミハイル・セルゲーヴィッチ・ゴルバチョフ（一九三一〜）旧ソビエト連邦初代大統領（在任九〇〜九一）。八五年、共産党書記長に就任。ペレストロイカ（改革）やグラスノスチ（情報公開）を推進し、冷戦の終結に尽力《じんりょく》。ソ連解体とともに大統領

を辞任した。九〇年、ノーベル平和賞を受賞。池田SGI会長と対談集『二十世紀の精神の教訓』を発刊。

＊8　アラン（一八六八〜一九五一）　フランスの哲学者。アランは筆名で、本名はエミール・オーギュスト・シャルティエ。リセ（高等中学）の哲学教授を務めながら、文学・政治・教育などについて活発な批評活動を展開。著書に『幸福論』『人間論』『諸芸術の体系』などがある。

＊9　ガンジー　モハンダス・カラムチャンド・ガンジー（一八六九〜一九四八）　インドの思想家、政治家。マハトマ（偉大なる魂）の名で知られる。非暴力・不服従運動、抗議のための行進、断食などを通じて、インドの独立運動を指導した。

＊10　タゴール　ラビンドラナート・タゴール（一八六一〜一九四一）　インドの詩人、思想家、教育者。イギリス留学から帰国後、多数の詩、小説、戯曲を発表し、絵画も手がけた。一九〇一年、ベンガル地域のシャンティニケタン（平和の郷）に寄宿学校を設立（ヴィシュヴァ・バーラティ大学に発展）。東西文化の融合にも尽力し、世界各地で講演も行った。一九一三年、抒情《じょじょう》詩集『ギーターンジャリ』でノーベル文学賞受賞。

＊11　ゴカーレ　ゴーパル・クリシュナ・ゴカーレ（一八六六〜一九一五）　インドの教育者、独立運動家。教師を経て、社会改革、独立運動に参加し、インド国民会議派のリーダーの一人として活躍。ガンジー（＊9）ら次世代のリーダー育成に貢献《こうけん》した。

＊12　羔羊　子ひつじのこと。

＊13　キング　マーチン・ルーサー・キング・ジュニア（一九二九〜六八）　アメリカ公民権運動の指導者。ガンジーの思想などに影響を受け、人種差別撤廃《てっぱい》のための非暴力運動を推進。六四年、ノーベル平和賞受賞。六八年に暗殺された。

＊14　フレーベル　フリードリヒ・ヴィルヘルム・アウグスト・フレーベル（一七八二〜一八五二）　ドイツの教育家。小学校教師を経て、スイスの教育家ペスタロッチ（＊163）に師事。一八四〇年、世界最初の幼稚園

を創設し、遊戯・歌などを創作・改良した。著書に『人間の教育』がある。

＊15　ナポレオン　ナポレオン・ボナパルト（一七六九～一八二一）フランス皇帝（在位一八〇四～一四［一五］）。砲兵将校を経て、フランス革命後、共和国軍を指揮して頭角を現す。ヨーロッパの支配者となり『ナポレオン法典』をつくるが、ロシア遠征に失敗して一四年に退位。再びフランス軍を率いるが、ワーテルローの戦いで敗れ、セント・ヘレナ島に流されて生涯を閉じた。

＊16　プーシキン　アレクサンドル・セルゲーヴィッチ・プーシキン（一七九九～一八三七）ロシアの詩人、作家。ロシア近代文学の父と仰《あお》がれる。作品に『エフゲニー・オネーギン』『ルスランとリュドミラ』『スペードの女王』『大尉の娘』など多数。

＊17　纏足　中国で古くから行われてきた風習で、女児の足に布を巻いて足が大きくならないようにしたこと。足の小さい女性が美しいとされたことが理由で、清朝以降、禁止令が出されたが廃《すた》れず、二十世紀に入って下火となった。

＊18　ドゥ・ウェイミン　杜維明（一九四〇～）中国・雲南省生まれ。ハーバード大学で博士号を取得後、カリフォルニア大学バークレー校の歴史学教授、ハワイ東西センター文化・コミュニケーション研究所所長などを歴任。ハーバード大学中国歴史哲学科教授、同大学イェンチン研究所所長を務める。池田SGI会長と対談集『対話の文明』を発刊した。

＊19　孟子（前三七二～前二八九）中国・戦国時代の思想家、儒家。本名、孟軻《もうか》。人間は善に向かう本質をもつとする「性善説」や、仁・義に基づく「王道」を掲げ、民衆に支持された者が天命を受けて王者となるという「易姓《えきせい》革命」を説いた。

＊20　欧陽脩（一〇〇七～七二）中国・宋代の政治家、学者。詩文に優れ、唐代から宋代の代表的名文家「唐宋八大家」の一人に数えられる。著書に『新唐書』『新五代史』『毛詩本義』『帰田録』など。

＊21　**廉**　心が清らかで、欲がないこと。高潔であること。

＊22　**科挙**　中国の隋代から清代まで行われた官吏登用試験制度（五九八〜一九〇五）。時代によって制度は異なるが、宋代以降、郷試、会試、殿試の三種類の試験にすべて合格した者に「進士」の称号が与えられ、高級官僚に登用された。

＊23　**顔之推**（五三一〜六〇〇前後）　中国・南北朝から隋代の文人、学者。代表作の『顔氏家訓』は当時の貴族の生活と意識を知る重要な史料とされる。

＊24　**モンテーニュ**　ミシェル・エケム・ド・モンテーニュ（一五三三〜九二）　フランスのモラリスト（人文主義思想家）。フランス南西部のボルドー近郊に生まれ、法律を学んでボルドー市の高等法院評定官を務める。三十八歳で職を去って領地の館に隠棲《いんせい》し、『エセー』（『随想録』）を執筆。「私は何を知っているか？（ク・セ・ジュ）」という懐疑《かいぎ》精神によって、人間の内面や社会を鋭く省察し、自由な精神の尊重を説いた。イタリア、ドイツを旅行後、一時ボルドー市長として活躍。晩年は『エセー』の加筆・訂正に専念した。

＊25　**『論語』**　孔子（＊91）の言行や弟子・諸侯との対話を収めた経書《けいしょ》。全二十篇で構成。儒教の基本文献「四書」の一つ。

＊26　**李白**（七〇一〜六二）　中国・唐代の詩人。四句から成る漢詩「絶句」の大成者。「詩仙」と称される。

＊27　**新石器時代・旧石器時代**　人類が石材を用いて道具を作っていた石器時代のうち、旧石器時代（約二百万年前〜紀元前約一万年）は、打製石器（石を打ち砕いて作った石器）が用いられた時代で、石器の出現から農耕の開始までを指す。中石器時代の技術の進展を経て、新石器時代（紀元前約八千年〜青銅器・鉄器の使用開始まで）は、磨製《ませい》石器（打製石器を他の石で磨いて凹凸を減らした石器）が用いられた時代で、土器が出現。農耕・牧畜が始まった地域も多い。

＊28　**天台大師**（五三八〜九七）　中国天台宗の実質的開祖。本名、智顗《ちぎ》。智者大師ともいう。五七五年から

浙江省《せっこう》の天台山で、法華経を中心とする仏教の体系化に取り組む。『法華文句』『法華玄義』『摩訶止観《まかしかん》』の天台三大部のほか、多数の著作がある。

＊29　王陽明（一四七二〜一五二八）　中国・明代の儒学者、政治家。陽明は号、名は守仁。官吏を務めつつ、思想を深め、「知行合一」「致良知」を説く陽明学を創始。その思想は、日本の中江藤樹（＊93）、熊沢蕃山《ばんざん》、大塩平八郎（＊85）、佐久間象山らにも影響を与えた。県知事や朝廷の高官を歴任し、反乱平定の帰途、病没。

＊30　朱舜水（一六〇〇〜八二）　中国・明代末の儒学者。清に滅ぼされつつあった明朝の復興に奔走《ほんそう》するが果たせず、一六五九年、日本に亡命。徳川光圀（＊31）に招かれ、学者らと交流し、漢籍文化を伝えた。

＊31　徳川光圀（一六二八〜一七〇一）　水戸藩第二代藩主。水戸光圀ともいう。徳川家康の孫で、「水戸黄門」のモデル。『大日本史』の編纂《へんさん》事業に力を入れ、ここから生まれた水戸学は、幕末の政治思想に大きな影響を与えた。

＊32　経世済民　世の中を治め、人民を救うこと。「経済」の語源。

＊33　リヒトホーフェン　フェルディナント・フォン・リヒトホーフェン（一八三三〜一九〇五）　ドイツの地質学者、地理学者、探検家。ベルリン大学教授等を歴任し、ジャワ、フィリピン、中国等の調査旅行を行う。東西交流路を初めて「ザイデン・シュトラーセン」（絹《きぬ》の道。英語では「シルクロード」）と呼んだ。

＊34　宋の太宗（九三九〜九七）　中国・北宋第二代皇帝（在位九七六〜九七）。呉越、北漢を滅ぼして、中国を統一。科挙《かきょ》（＊22）の制度を広げ、文治主義による中央集権制を確立した。

＊35　アヘン戦争　中国・清とイギリスの間の一八三九年から四二年の戦争。イギリスはインドで栽培させたアヘンを中国に密輸して利益を得ていたが、清朝は取り締まりを強化。禁輸解除を拒否されたイギリスが戦端を開き、清は敗北。南京条約で、香港の割譲《かつじょう》と、広東《カントン》、厦門《アモイ》、福州、寧波《ニンポー》、上海の開港が決まった。

＊36　**孫文**（一八六六～一九二五）　中国の革命家、思想家。号は中山。医学を修めた後、反清革命運動に挺身《ていしん》し、日本にも亡命。民族・民権・民生の三民主義を唱える。一九一一年、辛亥《しんがい》革命で清朝が倒れると、翌年、中華民国臨時大総統となったが、袁世凱《えんせいがい》（＊104）と対立し、再び日本に亡命。中国国民党を結成し、反軍閥・反帝国主義を掲げる。「革命いまだならず」の言葉を残し、北京で死去。

＊37　**舜帝**　古代中国の神話上の聖天子。孝を尽くす舜を堯帝《ぎょうてい》が登用し、天下を摂政させた後に位を譲った。堯とともに堯舜と呼ばれる。

＊38　**連横**（一八七八～一九三六）　中国・清代生まれの台湾の歴史家、詩人。日清戦争後、日本による台湾統治下（一八九五～一九四五）で、隋代から近代におよぶ紀伝体の『台湾通史』全三十六巻を完成させ、高い評価を得た。

＊39　**玉山**　台湾第一の高峰《こうほう》。日本統治時代は、富士山より高い、新しい最高峰との意で「新高山《にいたかやま》」と呼ばれたが、第二次世界大戦後、本来の名前を回復した。

＊40　**陳虚谷**（一八九六～一九六五）　台湾の作家。明治大学卒業後、台湾に戻り文化運動に貢献。作品に『無実を晴らす由《よし》もなく』『爆竹』などがある。

＊41　**于右任**（一八七九～一九六四）　中国の政治家、書法家。陝西《せんせい》省生まれ。孫文（＊36）を臨時大総統とする中華民国臨時政府に参加。国民党に従って台湾に移り、高官を歴任するとともに、書法家、詩人としても活躍。編著に『標準草書』、作品集に『右任先生詩文集』『右任墨存』などがある。

＊42　**張横渠（張載）**（一〇二〇～七七）　中国・北宋時代の儒学者。本名、張載。横渠は号。地方官等を経て、郷里で思索と講学に没頭。万物生成の本体を「太虚」即「気」とする一元論を説き、王陽明（＊29）や朱熹《しゅき》（＊174）に影響を与えた。著書に『正蒙』『易説』などがある。

＊43　**『日本書紀』**　日本最初の勅撰（天皇の命令で作られた）歴史書。舎人《とねり》親王らの編纂により、七二〇年に完

成。三十巻。漢文の編年体で書かれ、神代から持統天皇の退位（六九七）までを扱う。

＊44 **ジョン・ミューア**（一八三八〜一九一四）アメリカの探検家、自然保護活動家。「国立公園の父」と称される。北米を中心に世界を旅し、原生自然の保護を訴える。カリフォルニア州・ヨセミテ渓谷《けいこく》ほか、多数の国立公園の制定に尽力した。

＊45 **依正不二** 依は依報（環境・国土）、正は正報（主体である衆生の身心）を指す。主体と環境が、実際には分離できない相依相関の関係（不二）にあるとの意。中国の天台（＊28）の法華経解釈について、唐代の天台宗中興の祖・妙楽が解説する中で立てた法門の一つ。

＊46 **中生代、上新世、更新世** 中生代は地球の地質年代の大きな区分の一つで、約二億五千万年前〜約六千五百万年前を指す。代を区分したものを紀、紀をさらに区分したものを世と呼ぶが、上新世（日本では鮮新世という）は新生代（約六千五百万年前〜現代）の新第三紀のうち、約五百三十万年前〜約二百六十万年前を指す。更新世は同じく新生代の第四紀のうち、約二百六十万年前〜一万年前を指す。

＊47 **堆積盆地** 泥や砂、火山噴出物などが層状に堆積した地層が厚く分布する盆地状の地域。

＊48 **蓬萊造山運動** 蓬萊はここでは台湾の意。上新世（鮮新世）期に、フィリピン海プレート（＊54）がユーラシア・プレートの下に沈み込む運動によって、台湾島の隆起が始まり、中央山脈の形成を促した造山運動のこと。現在も続いているという。

＊49 **島弧** 弧の形状をした列島のこと。

＊50 **大屯火山群と基隆火山群** 大屯火山群は、台北市北方の陽明山国家公園一帯の火山地帯（大屯山、七星山、竹子山等）。基隆火山群は、台湾東北部の基隆市東方一帯の火山地帯（基隆山、燦光寮山、草山等）。

＊51 **秀姑巒渓** 台湾東部第一の河川で、海岸山脈を横切って太平洋に注ぐ。渓谷《けいこく》美と激流が有名で、ラフティング（ゴム製のボート等による川下り）が盛ん。

＊52 **多断層** 台湾では、ユーラシア・プレート（＊

54）とフィリピン海プレートの衝突によって巨大な圧縮力がかかり、岩盤が割れて多くの断層ができている。断層面は水や風による侵蝕《しんしょく》作用を受けやすい。

＊53 **花綵列島** 花綵とは、編んだ花をつなげた花飾りのこと。カムチャツカ半島南端から、千島列島、日本列島、南西諸島、台湾、フィリピン諸島へと連なる島弧群を、花をつないで吊《つ》るした姿に譬《たと》えている。

＊54 **プレート** 地球の表面を覆《おお》っている厚さ百キロメートル程度の岩盤。プレート・テクトニクス理論によると、十数枚の大規模なプレートと数十枚の小規模のプレートがあり、これらが互いに運動することによって、造山運動、火山、断層、地震等の地殻変動が起きる。

＊55 **灰陶** 中国で出土する灰青色の素焼きの土器。他に色調によって紅陶、黒陶、白陶、彩陶（彩色した土器）などがある。

＊56 **オーストロネシア語族（南島語族）** 台湾、東南アジアの島々から、西はアフリカ大陸沖のマダガスカル島、東は太平洋一帯のハワイ諸島、ニュージーランド、イースター島にまで広がる言語群。台湾先住民のアミ語、タイヤル語、ツオウ語等のほか、マレー・ポリネシア語派に属するマレー語、インドネシア語、フィリピン語（タガログ語）、サモア語、トンガ語、マオリ語、ハワイ語、マダガスカル語等がある。語末が母音で終わる開音節や、同じ語を繰り返す畳語《じょうご》等を特徴とする。

＊57 **閩南人** 中国・福建《ふっけん》省南部に住む漢民族の一派で、閩南語（ホーロー〈福佬・鶴佬〉語ともいう）を話す人たち。東南アジアや台湾への移住者も多い。

＊58 **客家人** 広東《カントン》省、福建省等、中国南部に住む漢民族の一派で、北方系の客家語を話す。閩南《びんなん》人同様、華僑《かきょう》として東南アジアや台湾に住む者が多い。

＊59 **南京の太学** 南京国子監《こくしかん》のこと。「国子監」は元、明、清代の国立大学に相当する最高学府で、太学とも呼ばれた。明代には北京と南京に設けられていた。

＊60 **李自成**（一六〇六～四五） 中国・明代末の農民反

乱指導者。一六二七年頃より頻発《ひんぱつ》した反乱の指導者の一人として頭角を現し、政府が満州族侵入への対策に追われている間に勢力を拡大。四四年、国号を大順と定めて即位し、北京を陥落《かんらく》させて明朝を滅ぼした。まもなく清（満州族）と明の遺臣の連合軍に大敗し、北京を脱出。逃亡中に死去。

＊61 崇禎帝・隆武帝　明朝最後の皇帝・崇禎帝が自害して明が滅亡すると、皇族の福王・朱由崧《しゅゆうしょう》が南京で擁立《ようりつ》されて弘光帝として即位し、明の亡命政権が成立した。清が南京を占領して弘光帝が捕らえられると、唐王・朱聿鍵《しゅいつけん》が福州で擁立され、亡命政権の第二代隆武帝となった。

＊62 近松門左衛門（一六五三～一七二五）　江戸時代の人形浄瑠璃・歌舞伎の劇作家。本名、杉森信盛。浄瑠璃の竹本義太夫、歌舞伎の坂田藤十郎のために多くの作品を書いた。作品に、浄瑠璃『出世景清《かげきよ》』『曾根崎《そねざき》心中』『冥途《めいど》の飛脚』『国性爺合戦』『心中天網島《てんのあみしま》』、歌舞伎『けいせい仏の原』などがある。

＊63 士大夫　中国の官僚知識層。科挙《かきょ》（＊22）の試験に合格した官僚であるとともに、学識豊かな文人として指導者層を形成した。多くは各地の地主層でもあった。

＊64 宣撫　占領地域の民心を、宥《なだ》め安定させること。

＊65 清仏戦争　ベトナム（越南）の領有権をめぐる清とフランスの間の戦争（一八八四～八五）。フランスのベトナム侵攻を受け、ベトナムの宗主国を自任していた清朝が応戦。フランス艦隊による台湾封鎖や清朝の反撃を経て、八五年、イギリスの調停で停戦。台湾は福建省所属だったが、同年、国防上の理由から、清朝は台湾省を新設した。

＊66 マンデラ　ネルソン・ロリハララ・マンデラ（一九一八～）　南アフリカ共和国の黒人解放運動家、政治家。アフリカ民族会議（ＡＮＣ）に参加し、人種隔《かく》離《り》政策（アパルトヘイト）の撤廃《てっぱい》運動に尽力《じんりょく》。投獄された後、終身刑を宣告され二十七年余の獄中生活を送る。九〇年に釈放され、初の全人種参加の選挙を経

て、大統領に就任（在任九四～九九）。九三年、ノーベル平和賞を受賞した。

＊67　**カストロ**　フィデル・アレハンドロ・カストロ・ルス（一九二六～）　キューバの政治家、革命家。弁護士を経てキューバ革命を指導し、一九五九年に革命政権を樹立。長らく首相（閣僚評議会議長）、国家元首（国家評議会議長）を務め、二〇〇八年に引退。池田SGI会長と九六年に会見した。

＊68　**ムベキ**　タボ・ムヴイェルワ・ムベキ（一九四二～）　南アフリカ共和国の政治家。十四歳の時、アフリカ民族会議（ANC）青年同盟に参加し、学生運動を積極的に推進。逮捕・投獄・国外追放を経て、九四年、初の民主的総選挙でのANCの圧倒的勝利を受け、副大統領に。ネルソン・マンデラの（＊66）後任として大統領に就任した（在任九九～二〇〇八）。

＊69　**皇民化教育**　大日本帝国時代、台湾、朝鮮、東南アジアなどの支配地や沖縄の住民を、忠実な臣民（皇民）とするために行われた教育。神社参拝、日本語の使用などが強要された。

＊70　**文政学部**　設立時の台北帝国大学は文政学部と理農学部の二学部体制（のちに医学部と工学部が設置され、理農学部が理学部と農学部に分離して五学部に）。文政学部は文科の総合学部で哲学科・史学科・文学科・政学科の四学科があり、法学、経済学、政治学、文学、史学、哲学、教育学、心理学などの講義が行われた。

＊71　**羅福星**（一八八六～一九一四）　台湾の抗日運動家。インドネシア華人としてジャカルタに生まれ、少年時代を台湾で過ごす。孫文（＊36）が設立した、海外の中国人による革命政党「中国同盟会」会員となり、辛亥《しんがい》革命にも参加。台湾で抗日蜂起《ほうき》を計画するが、一九一三年に発覚して逮捕され、翌年処刑された。

＊72　**蔣渭水**（一八九〇～一九三一）　台湾の民族運動家。台北で医師を務めながら、台湾文化協会、台湾民衆党などを設立し、非暴力の抗日運動を指導。一九三一年、台湾民衆党が台湾総督府に強制解散させられた直後に死去。

＊73　霧社事件　一九三〇年十月二十七日に始まる台湾先住民タイヤル族による抗日蜂起事件。警察派出所と霧社公学校が襲われ、運動会参加の日本人が殺害された。山岳地帯に立てこもる抗日タイヤル族に、日本の軍隊・警察が近代兵器を用いて報復。他の部族にも懸賞金を約束して鎮圧に参加させ、年末まで凄惨《せいさん》な殺《さつ》戮《りく》が続いたとされる。

＊74　丘逢甲（一八六四～一九一二）中国・清代末の台湾の詩人、教育家、抗日運動家。科挙《かきょ》（＊22）に合格後、台湾に戻って教育に従事。台湾の日本への割譲《かつじょう》に対して、義勇軍を募《つの》って抵抗したが、敗れて広東《カントン》に亡命。広東でも校長を務めるなど教育に尽力し、孫文（＊36）の臨時政府にも参加した。

＊75　声調　中国語、タイ語、ベトナム語等に見られる、意味の区別をともなった音の高低のパターン。中国の標準語は四つのパターン（四声）をもつが、各地の方言はもっと多い場合がほとんど。

＊76　孫思邈（六〇一頃～八二頃）中国・唐代の医師。名医として有名で、仏典や老荘思想にも精通。皇帝の招請を断り、山中で医学書『千金方』『千金翼方』の執筆に専念したという。

＊77　李時珍（一五一八～九三）中国・明代の医師、本《ほん》草《ぞう》学者。代々医師の家に生まれ、名医として有名であった。新しい本草学書の編纂《へんさん》を志し、二十六年をかけて薬物の研究を重ね、『本草綱目』五十二巻を著した。

＊78　ダーウィン　チャールズ・ロバート・ダーウィン（一八〇九～八二）イギリスの生物学者。進化論の提唱者の一人。医学、博物学を学び、一八三一年より海軍の観測船ビーグル号でブラジル、ペルー、ガラパゴス諸島、オーストラリアなどを調査。進化論に確信を持ち、アルフレッド・ウォーリスの論文とともに自説を発表。一八五九年に『種の起源』として出版すると大きな反響を呼び、生物学、社会学など多方面に多大な影響を与えた。

＊79　小野蘭山（一七二九～一八一〇）江戸時代の本草学者。京都生まれ。生涯、本草学の研究に尽くし、

『大和本草会識』『秘伝花鏡記聞』を著す。晩年にも幕府の命で植物採集旅行を行った。杉田玄白などの門弟を育成するとともに、講義をもとに『本草綱目啓蒙』四十八巻を刊行した。

＊80　鳩摩羅什（三四四～四一三）　中国・姚秦《ようしん》（後秦）代の訳経僧。母は亀茲《きじ》国王の妹で、母とともに出家して仏教を学び、大乗仏教を弘めた。中国に迎えられ、長安で多くの訳経に従事。『妙法蓮華経』『維摩経』『大品般若経』『大智度論』『中論』などを翻訳した。

＊81　媽祖　道教の女神で、航海・漁業の守護神として信仰を集める。北宋の官吏の娘で、霊力を発揮して崇《あが》められていた黙娘《もくじょう》が、海難事故に遭《あ》った父を探しに行く途中で、神になったと言い伝えられている。台湾、福建《ふっけん》省、広東《カントン》省、香港、マカオなどで篤《あつ》く信仰され、日本の一部地域でも祭られている。

＊82　蔣経国（一九一〇～八八）　台湾の政治指導者。第六代、第七代総統（一九七八～八八）を務める。蔣介石（＊106）の長男。

＊83　知行合一　知（認識）と行（実践）は一体不可分との王陽明（＊29）の学説。

＊84　ヤスパース　カール・テオドール・ヤスパース（一八八三～一九六九）　ドイツの哲学者、精神科医。個人の主体性や現実を重視する実存主義哲学者の一人。妻がユダヤ系であったことから、ナチスの迫害によってハイデルベルク大学教授職を追われ、戦後、復職。後にスイスのバーゼル大学哲学教授を務めた。著書に『哲学』『現代の精神的状況』などがある。

＊85　大塩平八郎（一七九三～一八三七）　江戸時代後期の儒学者。大坂町奉行所与力《よりき》を務めた。陽明学を学び、私塾で門人に教授。天保《てんぽう》の大飢饉《ききん》の際、民衆救済のために蜂起《ほうき》したが（大塩平八郎の乱）、失敗し自決した。

＊86　吉田松陰（一八三〇～五九）　江戸時代末の思想家、教育者。佐久間象山らに学び、ペリーの黒船を視察。長州・萩の松下村塾で、高杉晋作（＊87）、久坂玄《げん》瑞《ずい》、木戸孝允《たかよし》、伊藤博文《ひろぶみ》（＊94）らを育成した。一八五八年、幕府批判の罪で投獄され、翌年の安政の大獄

（大老・井伊直弼《なおすけ》による反幕府派への大弾圧）で処刑された。

＊87　高杉晋作（一八三九～六七）　長州藩士。幕末の維新の志士。松下村塾で吉田松陰（＊86）に学ぶ。長州藩を倒幕路線に転換させ、第二次長州征伐（一八六六）では民兵である奇兵隊や藩兵を指揮して幕府軍に勝利したが、大政奉還を見ずして病没した。

＊88　王羲之（三〇七～六五）　中国・東晋代の政治家、書家。官吏として活躍するとともに、書道の研究・発展に尽くし、芸術性を飛躍的に向上させた。その書体は後世の書道家に大きな影響を与え、「書聖」と仰《あお》がれた。

＊89　宦官　去勢された男性の官吏。中国の歴代王朝では皇帝や妃に重用され、官僚機構の中で特別な地位を占め、権勢を振るう者も多かった。

＊90　朱子学　中国・南宋の朱熹《しゅき》（＊174）が大成した儒学の体系。先天的な理を究めることを重視し、秩序や大義名分を重んじる傾向をもつ。そのため国家公認の学派とされ、朝鮮王朝や日本の江戸幕府が官学として保護した。

＊91　孔子（前五五一～前四七九）　古代中国・春秋時代の思想家、儒教の始祖。名は丘、字《あざな》（別名）は仲《ちゅう》尼《じ》。魯国《ろこく》の陬《すう》（山東省曲阜県）に生まれる。早くに父を失い、貧窮の中で母に育てられ、学問を志して礼（式典作法）を学んだ。魯の官吏となって次第に認められ、五十四歳で司寇《しこう》（法務大臣）となる。魯の政治改革を図るが、内外の妨害によって失敗し辞職。理想の実現を目指して各国を遊説し、魯に帰郷後は弟子の育成に専念。徳治主義の政治を理想とし、人間の内面の規範として「仁」、外面の規範として「礼」を重視した。言行録に『論語』（＊25）がある。

＊92　佐藤一斎（一七七二～一八五九）　江戸時代後期の儒学者。朱子学（＊90）、陽明学をともに究める。幕府官立の昌平坂学問所の塾頭を務め、渡辺崋山《かざん》、佐久間象山、横井小楠《しょうなん》ら多くの門下を育成した。語録に『言志四録』がある。

＊93　中江藤樹（一六〇八～四八）　江戸時代初期の儒学

者。日本陽明学の祖。伊予大洲《おおず》藩に仕えた後、近江《おうみ》国（滋賀県）に帰郷し、門人を育成。身分を超えた平等思想を説いて、武士だけでなく町民、農民を教化し、「近江聖人」と仰《あお》がれた。

＊94 伊藤博文（一八四一～一九〇九） 明治時代の政治家。初代内閣総理大臣。吉田松陰（＊86）の松下村塾に学び、倒幕運動に参加。明治維新後、政府の指導的政治家として活躍。ハルビン駅頭で、朝鮮独立運動家の安重根《アンジュングン》に暗殺された。

＊95 東郷平八郎（一八四七～一九三四） 明治・大正期の海軍軍人。元帥《げんすい》・海軍大将。薩摩藩士として戊辰《ぼしん》戦争等に参加。日露戦争では、第一艦隊兼連合艦隊司令長官を務め、日本海海戦（一九〇三）に勝利した。

＊96 トインビー アーノルド・ジョーゼフ・トインビー（一八八九～一九七五） イギリスの歴史家。ロンドン大学教授等を歴任。世界文明の生成・発展・崩壊の過程を分析し、鋭い文明批評を展開した。大著『歴史の研究』ほか、著書多数。池田ＳＧＩ会長と対談集『21世紀への対話』を発刊した。

＊97 質朴堅毅 「質」は質実、「朴」は素朴、「堅」は強靱《きょうじん》、「毅」は弘毅を意味する。「質朴」は実事求是（事実に基づいて真実を求める）、「堅毅」は精益求精（向上に向上を重ねる）との意義をもつ。

＊98 リンカーン エイブラハム・リンカーン（一八〇九～六五） 第十六代アメリカ合衆国大統領。奴隷《どれい》制反対を唱え、一八六〇年、大統領に当選。六一年、奴隷制維持の南部諸州が合衆国を離脱し、南北戦争が勃《ぼっ》発《ぱつ》。戦争中の六三年に奴隷解放宣言を公布するが、終戦五日後の六五年四月十四日、観劇中に暗殺された。

＊99 ディズレーリ ベンジャミン・ディズレーリ（一八〇四～八一） イギリスのヴィクトリア朝期の政治家。首相を二度経験し、小説家としても活躍した。

＊100 教観並重 教相門《きょうそう》と観心門《かんじん》がともに重要である、ということ。教相とは、仏の教法の相を分別、判別して理論的究明を行うことで、五時八教、権実本《ごんじつほん》迹《じゃく》などを指す。観心とは、心を対境として一念三

千、円融三諦《えんゆうさんたい》を観ずること。唐代の天台宗中興の祖・妙楽の『法華文句記』巻八には、「教観相《あ》い循《じゅん》じて共にその妙を顕す。教観もし偏《へん》せば二倶《とも》に力無し」とあり、教相門と観心門の二門ともに重要であり、ともに補い合うことによって、仏道を成じることができる、と説いている。

＊101　**宮崎滔天**（一八七一～一九二二）　日本で孫文（＊36）を支援して、辛亥《しんがい》革命を支えた革命家。浪曲家でもある。一八九七年に孫文と知り合い、以後、孫文の革命を支援。一九〇五年には、東京で孫文らと革命団体「中国同盟会」を結成した。

＊102　**翁俊明**（一八九二～一九四三）　医師、抗日運動家。一九一五年、袁世凱《えんせいがい》（＊104）の帝政に反対して、杜聡明（＊103）とともに北京で袁世凱を暗殺しようとしたが失敗。台湾に戻った後、反日的な言動から日本政府ににらまれ、中国大陸の厦門《アモイ》に移る。その後、国民党の幹部となり、抗日運動を戦った。

＊103　**杜聡明**（一八九三～一九八六）　一九〇九年、台湾総督府医学校に首席で合格し、一四年に首席で卒業。一五年に日本に渡り京都帝国大学医学部で内科を専攻しながら、同年末、翁俊明（＊102）とともに北京に赴《おもむ》き、袁世凱《えんせいがい》（＊104）の暗殺を図るが失敗。二二年、医学専門学校教授に就任。同年、台湾人初の医学博士号を取得した。

＊104　**袁世凱**（一八五九～一九一六）　中国の清朝末期から中華民国初期の軍人、政治家。軍閥として台頭し、一時、失脚したが、一九一一年の辛亥《しんがい》革命に際して、清朝から総理大臣に任命される。革命派を鎮圧《ちんあつ》すると見せかけながら、革命派と極秘裏《ごくひり》に通じて清朝を滅亡させ、中華民国臨時大総統に就任。その後、革命派の孫文（＊36）らを弾圧して、正式に大総統に就任。一五年末には中華帝国皇帝に即位したが、内外の反発を買って翌年三月に退位し、同年六月に病没した。

＊105　**ジョン・ロック**（一六三二～一七〇四）　イギリスの哲学者、政治思想家。観念の起源は生得のものではなく経験であると説いた。また、立法権と行政権の分

離や、政府に対する国民の抵抗権を主張し、名誉革命（一六八八〜八九）を理論的に擁護《ようご》。アメリカ独立宣言、フランス人権宣言にも大きな影響を与えた。著書に『人間悟性論』『統治二論』などがある。

＊106 **蔣中正（蔣介石）**（一八八七〜一九七五） 中国の軍人、政治家。介石は字《あざな》（別名）。辛亥《しんがい》革命に参加して孫文（＊36）の信頼を得、中国国民党の実力者に。中国共産党とは敵対関係にあったが、一九三六年、西《せい》安《あん》事件で監禁され、共産党と抗日民族統一戦線を組む。第二次世界大戦後、再び共産党との内戦を開始。四八年、中華民国初代総統となったが、翌四九年に人民解放軍の反撃を受けて辞任、台湾へ。五〇年、再び総統に就任し、没するまで在任した。

＊107 **国連環境計画（UNEP）** 一九七二年、国連人間環境会議で採択された「人間環境宣言」及び「国連国際行動計画」を実施に移すために設立された機関。本部はケニアのナイロビにある。

＊108 **ローマクラブ** 環境問題や人口増加、食糧・エネルギー問題など、地球規模の課題の解決を目指す民間組織。一九六八年に最初の会合をイタリアのローマで開いたことから、この名称となった。正式な発足は七〇年。科学者、経済学者、経営者、教育者など、世界の識者で構成されている。

＊109 **ペッチェイ** アウレリオ・ペッチェイ（一九〇八〜八四） イタリアの実業家、ローマクラブ（＊108）の創立者であり、初代会長。第二次大戦中、レジスタンスの闘士として活躍。戦後、フィアット社、オリベッティ社の経営に参画。七〇年、人類の危機回避の方途を探る民間組織「ローマクラブ」を設立。著書に、池田SGI会長との対談集『二十一世紀への警鐘』のほか、『人類の使命』『未来のための一〇〇ページ』などがある。

＊110 **ホフライトネル** リカルド・ディエス＝ホフライトネル（一九二八〜） スペイン生まれの社会活動家。ドイツで化学機械製造を学んだのち、スペインのサラマンカ大学、コロンビア国立大学で教授を務め、

ユネスコ理事、スペイン教育科学相、世界銀行教育投資部初代部長などを歴任。一九九一年、ローマクラブ（＊108）会長。二〇〇二年、同名誉会長に。著書に、池田SGI会長との対談集『見つめあう西と東』のほか、『教育の展望　改革と計画』などがある。

＊111　温暖化防止会議　第十三回国連気候変動枠組み条約締約国会議（COP13）

＊112　世界自然保護基金（WWF）の報告書に…　二〇〇七年十二月、環境保護団体の世界自然保護基金が発表した報告書「アマゾンの悪循環」

＊113　アショカ大王　生没年不詳。古代インドのマガダ国マウリア朝第三代の王（在位　前二六八頃～前二三二）。アショーカ王、アソカ王、阿育王ともいう。インド最初の統一王朝を確立するが、侵略戦争の悲惨さを悔《く》い、仏教により深く帰依して平和と寛容の政策に転換した。

＊114　ワンガリ・マータイ　ワンガリ・ムタ・マータイ（一九四〇～）　ケニアの環境保護活動家。ナイロビ大学教授を経て、アフリカ全土で植林活動を推進。国会議員、環境副大臣を務め、二〇〇四年、ノーベル平和賞を受賞した。〇五年に来日した折、「もったいない」という日本語を知って感銘《かんめい》を受け、その後、世界の各地でMOTTAINAIキャンペーンを展開。

＊115　気候変動に関する政府間パネル（IPCC）　世界気象機関（WMO）と国連環境計画（UNEP）（＊107）との協力の下に、一九八八年に設立された国際機関。その任務は、二酸化炭素等の温室効果気体の増加にともなう地球温暖化の科学的・技術的（および、社会・経済的）評価を行い、得られた知見を広く一般に利用してもらうことにある。二〇〇七年、アメリカのゴア元副大統領とともにノーベル平和賞を受賞。

＊116　レメンゲサウ　トーマス・エサン・レメンゲサウ・ジュニア（一九五六～）　パラオ共和国第五代大統領。アメリカ・ミシガン州のグランドバレー州立大学卒。二〇〇〇年、大統領に初当選。〇四年、再選を果たし、〇九年、退任。

＊117　**最高値を記録したと発表…**　世界気象機関「温室効果ガス年報」（二〇〇六）より。

＊118　**バイオマス**　生物資源（バイオ）の量（マス）を表す概念で、一般的には「再生可能な生物由来の有機性エネルギーや資源で、化石資源を除いたもの」を指す。さとうきびやとうもろこし、なたねなどの作物や、食品、紙などの廃棄物《はいきぶつ》、稲わら、麦わらなどの未利用のものなど、対象となる原料にはさまざまな種類がある。

＊119　**京都議定書**　一九九七年、京都で第三回国連気候変動枠組み条約締約《ていやく》国会議（ＣＯＰ３）が開催された。その会議で採択された、温室効果ガスの排出量の削減《さくげん》についての議定書。法的拘束《こうそく》力のある数値目標を各国ごとに定め、九〇年を基準年として、二〇〇八年から一二年の間に、先進国全体で五・二パーセントの削減を義務づけている。日本は六パーセント。〇五年に発効した。

＊120　**さきの報告書で…**　ＩＰＣＣ第四次統合報告書。二〇〇七年十一月の総会で採択。

＊121　**シューマッハー**　エルンスト・フリードリッヒ・シューマッハー（一九一一～七七）ドイツ生まれの経済学者。現代文明の物資至上主義を鋭く批評した。主な著書に『スモール・イズ・ビューティフル』などがある。

＊122　**曾子**（前五〇五～前四三五）中国・春秋時代の学者。親孝行に優れ、『孝経』を著したと伝えられる。孝は徳の本であり、儒教の根本たる仁《じん》への道は孝悌《こうてい》にあるとした。

＊123　**ハバート**　マリオン・キング・ハバート（一九〇三～八九）アメリカの地質学者、地球物理学者。長年、シェル石油の研究員を務め、石油生産のピークを予測する論文を発表。退社後、アメリカ地質調査所上級研究員、スタンフォード大学教授、カリフォルニア大学バークレー校教授などを歴任した。

＊124　**国連開発計画**　略称、ＵＮＤＰ。世界の開発とそれに対する援助のための国連総会の補助機関。開発

途上国の経済・社会的発展のために、プロジェクト策定や管理を主に行う。一九九〇年以降、毎年各国の開発進捗《しんちょく》状況の調査結果をまとめた『人間開発報告書』（＊151）を刊行。

＊125 **スティーブン・ロックフェラー** スティーブン・クラーク・ロックフェラー（一九三六〜） アメリカのミドルベリー大学名誉教授。地球憲章起草委員会の議長を務め、草案をとりまとめた。

＊126 **デーヴィッド・スズキ** デーヴィッド・タカヨシ・スズキ（一九三六〜） カナダの生物学者、環境活動家、キャスター。日系三世。彼がキャスターを務めたCBCテレビの科学番組で自然問題を連続して取り上げ、世界的に有名になる。

＊127 **荘子** 生没年不詳。中国の戦国時代（前五世紀〜前三世紀）の思想家で、老子とともに道教の祖とされる。著書『荘子』のうち三十三章が現存する。憂苦《ゆうく》の人生に対し、そこから解放された精神的境地に立つためには、人間の欲望を棄却《ききゃく》して無為《むい》自然的態度をとるべきだと主張した。

＊128 **ホイットマン** ウォルト・ホイットマン（一八一九〜九二） アメリカの詩人。植字工、新聞記者などを務めながら、詩や小説を執筆。詩集『草の葉』の増補・改訂を生涯続ける。自由な形式で人間讃歌を歌い、米国の思想・文学に大きな影響を与えた。

＊129 **墨子** 生没年不詳。中国・戦国時代の思想家。墨家の始祖。無差別的な博愛を説いて戦争を排斥し、非攻・平和論を唱えた。ただし無抵抗主義ではなく、防御《ぼうぎょ》戦の正当性を認め、自ら防御集団を組織。諸侯に侵略中止と自衛を説いた。

＊130 **E・O・ウィルソン** エドワード・オズボーン・ウィルソン（一九二九〜） アメリカ・アラバマ州生まれ。世界的な昆虫生態学者、進化学者。『社会生物学』『生命の未来』など、著書多数。

＊131 **ドネラ・H・メドウズ** ドネラ・ヘイガー・メドウズ（一九四一〜二〇〇一） アメリカのシカゴ生まれ。ダートマス大学助教授としてコンピューターモデ

ルを使って社会、環境、農業などのシステムを研究した。七二年、ローマクラブ（＊108）の委嘱でデニス・L・メドウズを主査とする研究者グループに加わり、『成長の限界』を著す。

＊132 **有名な言葉** 天台（＊28）の『法華文句』に、「譬如根深則條茂源遠則流長」（譬えば根深ければ則《すなわ》ち條《えだ》茂《さか》え、源《みなもと》遠ければ則ち流れ長きが如《ごと》し）とある。

＊133 **アレクサンドル・ファルギエール**（一八三一～一九〇〇） フランスの彫刻家、画家。パリ高等美術学校に学び、頭角を現す。ロダンとも親交があった。作品にオルセー美術館前庭の「アジアの寓意《ぐうい》像」や「ディアナ」「ヴィクトル・ユゴー像」などがある。

＊134 **張爾岐**（一六一二～七七） 中国・明代末から清代の儒学者。明が滅ぶと隠遁《いんとん》し、門人への教授と著述に専念した。「儀礼」の研究に詳しく、著書に『儀礼鄭注句読』『儀礼考注訂誤』がある。

＊135 **『易経』** 占いを体系化・理論化した書で、儒教の基本文献「五経」の筆頭。「周易」「易」ともいう。易における八つの基本図形「八卦《はっけ》」を組み合わせてできる六十四の図形の意味を記述したものが「卦辞《けじ》」で、それを注釈・解説したものを「伝」（易伝・十翼）という。伏羲《ふっき》（＊136）が八卦を作り、周の文王（＊137）が卦辞を著し、孔子（＊91）が伝を書いたと伝えられる。

＊136 **伏羲** 古代中国の神話上の帝王「三皇五帝」のうち、三皇の一人とされる聖天子。

＊137 **周の文王** 紀元前十一世紀頃とされる周王朝の始祖。殷《いん》（商ともいう）の紂王《ちゅうおう》の暴政下で、善政を行って勢力を拡大。文王の死後、息子の武王が紂王を倒して、周王朝を開いた。文王は、儒家から為政者の手本として崇《あが》められた。

＊138 **「教え有りて類無し」** 『論語』衛霊公《えいれいこう》篇に「子曰、有教無類」とある。「教育の違いだけがあり、人間の種類による違いはない」との意。

＊139 **管子** 古代中国・春秋時代の斉《せい》の宰相・管仲《かんちゅう》（生年不詳～前六四五）のこと。管仲が著したとされる書

物も『管子』と呼ばれるが、実際は後の時代の思想家たちの手によって成立したと見られている。

＊140 **一年の計は…** 『管子』権修篇にある言葉で、「一年で利益を得る計画なら、穀物を植えるのが最もよい。十年の計画なら、木を植えるのが最もよい。一生の計画なら、人を育成するのが最もよい」との意。

＊141 **ゲーテ** ヨハン・ヴォルフガング・フォン・ゲーテ（一七四九〜一八三二）ドイツの詩人、作家、科学者。『若きウェルテルの悩み』などの作品で脚光を浴びた後、ワイマールに招かれ、政府の要職を歴任。鉱物学・地質学・解剖学《かいぼう》・光学などの科学研究にも業績をあげる。後半生は、劇作家シラーとの交友を通じて、旺盛《おうせい》な創作活動を続け、長年書き続けた大作『ファウスト』を完成させた。

＊142 **カント** イマヌエル・カント（一七二四〜一八〇四）ドイツの哲学者。『純粋理性批判』『実践理性批判』『判断力批判』等を著して、批判哲学を打ち立て、近代思想に大きな影響を与えた。

＊143 **ジョン・デューイ**（一八五九〜一九五二）アメリカの教育哲学者。プラグマティズム（実用主義哲学）を発展させ、アメリカ哲学界をリードした。児童教育に関心をもち、シカゴ大学在職中に「実験学校」を創設。世界各国の教育制度を視察し、日本や中国でも講演した。一九〇四年以降、コロンビア大学教授。著書に『学校と社会』『民主主義と教育』『論理学』など多数。

＊144 **『資治通鑑』** 中国・北宋時代の政治家・歴史家の司馬光（一〇一九〜八六）が編纂《へんさん》した編年体の歴史書。二九四巻。戦国時代から北宋建国までの歴史を収録する。帝王学の書としてもよく読まれた。

＊145 **アリストテレス**（前三八四〜前三二二）古代ギリシャの哲学者。プラトン（＊177）の学園アカデメイアで学び、マケドニアの宮廷でのちのアレクサンドロス大王の家庭教師を務める。アテネに戻って学園リュケイオンを創設。弟子を育成するとともに、諸学問を膨《ぼう》大《だい》な体系にまとめあげた。

＊146　**ガリレイ**　ガリレオ・ガリレイ（一五六四〜一六四二）　イタリアの科学者。実験結果を数学的に分析《ぶんせき》する手法を確立し、落体の法則、振り子の等時性などを発見。「近代科学の父」と呼ばれる。天文学では望遠鏡を改良し、木星の四衛星や太陽黒点を発見したが、地動説を支持したためローマ教皇庁の異端《いたん》裁判で有罪判決を受け、晩年は軟禁《なんきん》状態に置かれた。著書に『星界の報告』『天文対話』などがある。

＊147　**ニュートン**　アイザック・ニュートン（一六四二〜一七二七）　イギリスの数学者、物理学者、天文学者。微積分法、運動の三法則、万有引力の発見、反射望遠鏡の発明などで、科学の発展に大きな進歩をもたらす。晩年は、造幣《ぞうへい》局長官、王立協会会長などを歴任。著書に『自然哲学の数学的原理』『光学』がある。

＊148　**溥儒（心畬）**（一八九六〜一九六三）　中国の画家、学者の愛新覚羅溥儒《あいしんかくらふじゅ》。清朝皇族の出身。心畬は字《あざな》（別名）。辛亥《しんがい》革命後ドイツに留学し、帰国後、画を学ぶ。山水・人物・花鳥に優れ、詩文・書にも卓越《たくえつ》していたことから三絶とも言われた。国立北京芸術専科学校教授等を歴任した。

＊149　**エマソン**　ラルフ・ウォルド・エマソン（一八〇三〜八二）　アメリカの思想家、哲学者、作家、詩人。ハーバード神学校に学び、牧師となるが、教会と牧師の役割に疑問を感じて牧師を退職。その後、東部マサチューセッツ州のコンコードに住み、講演・著述活動などを行い、「コンコードの哲人」と呼ばれた。その思想は「超絶主義」と呼ばれ、アメリカのみならず広く世界に影響を及ぼした。

＊150　**ＧＥＭ**　ジェンダー・エンパワーメント指数のこと。国連開発計画（ＵＮＤＰ）（＊124）が、男女間の不平等を考慮して新たに導入した指数で、女性が政治的・経済的分野で積極的に参加できるかどうかを表す。

＊151　**人間開発報告書**　国連開発計画（ＵＮＤＰ）によって一九九〇年に創刊され、九三年以降毎年発行されている報告書。ＵＮＤＰの委託《いたく》を受けて、世界的に著名な経済学者や開発の専門家によって執筆され、現

在、日本語も含めて十二カ国語以上に翻訳され、百カ国以上で発行されている。

＊152 **クーデンホーフ＝カレルギー** リヒャルト・ニコラウス・栄次郎・クーデンホーフ＝カレルギー（一八九四〜一九七二） オーストリアの政治学者。駐日公使であったオーストリア人の父と、日本人の母の子として、東京に生まれる。第一次世界大戦後より恒久《こうきゅう》平和の確立のためにパン・ヨーロッパ（ヨーロッパ合衆国）運動に挺身《ていしん》。現在のEU（ヨーロッパ連合）の「生みの親」といわれる。池田SGI会長と対談集『文明・西と東』を発刊。

＊153 **ヘイゼル・ヘンダーソン**（一九三三〜） アメリカの未来学者、経済学者。主婦の立場から草の根の環境問題に取り組み、「愛情の経済」など新しい経済指標を提唱。「国連基金のための地球委員会」の創設に尽力するなど、幅広い国連支援活動も行う。著書に、池田SGI会長との対談集『地球対談 輝く女性の世紀へ』のほか、『エントロピーの経済学』『地球市民の条件』などがある。

＊154 **サッチャー** マーガレット・ヒルダ・サッチャー（一九二五〜） イギリスの政治家。弁護士、下院議員、教育相、保守党党首を経て、女性として初めてイギリス首相（在任七九〜九〇）を務めた。

＊155 **ブルントラント** グロ・ハーレム・ブルントラント（一九三九〜） ノルウェーの医師、政治家。一九八一年、女性としてノルウェーで初めて首相に就任。三度首相を務めて退任後、九八年から二〇〇三年まで世界保健機関（WHO）事務局長を務めた。

＊156 **『荀子』** 紀元前四世紀末に生まれた、中国の春秋戦国時代を代表する思想家であり儒学者である荀子の思想をまとめた書物。

＊157 **林海音**（一九一八〜二〇〇一） 台湾の女性作家。大阪生まれ。新聞記者を経て、一九六〇年、北京での思い出を綴《つづ》った自伝的小説『城南旧事』を発表し、有名となった。

＊158 **陳進**（一九〇七〜九八） 台湾初の女性画家。日本

の帝展、文展で入選を重ねる。第二次大戦後、家庭生活を主題とした作品を描き続けて活躍した。

＊159　蔡阿信（一八九五～一九八九頃）　台湾初の女性医師。台湾における助産師不足を補うために産婦人科医師となり、助産師の講習所を開設するなど、活躍した。

＊160　班昭（四五頃～一一七頃）　中国・後漢時代の作家、歴史家。漢代随一の女性作家として有名で、兄・班固（＊168）が未完のまま残した『漢書《かんじょ》』に、「八表」と「天文志」を書き継いで完成させた。

＊161　高宗（六二八～八三）　中国・唐の第三代皇帝（在位六四九～八三）。太宗の第九子だったが、外戚《がいせき》の長孫《ちょうそん》無忌《むき》に擁立《ようりつ》され即位。その治世の後半は、皇后の則天《そくてん》武后《ぶこう》（＊162）に実権を握られた。

＊162　則天武后（六二四～七〇五）　中国・唐の高宗（＊161）の皇后、武照。のちに皇帝（在位六九〇～七〇五）。十四歳で太宗の後宮に入り、太宗没後、高宗の後宮に入る。六五五年、策略によって皇后となり、実権を握る。高宗没後に即位した息子の中宗と睿宗《えいそう》を廃し、自ら聖神皇帝を称して即位。国号を周（武周）に改称。病没前に譲《じょう》位《い》して中宗が復位し、国号も唐に戻った。

＊163　ペスタロッチ（一七四六～一八二七）　ヨハン・ハインリッヒ・ペスタロッチ。スイスの教育者。チューリヒ大学で神学を学び、社会の改善を志す。農民の救済を目指して農園を開き、のちにこれを孤児院に変えて、民衆教育の改善に尽力《じんりょく》。『隠者《いんじゃ》の夕暮』『リーンハルトとゲルトルート』などの教育書を著し、子どもの個性に応じて、自然な能力を発達させることを訴えた。その後もシュタンツ、ブルクドルフ、イヴェルドンなどで学校を経営して自らの教育理念の実現を目指し、近代初等教育の基礎を築いた。

＊164　周恩来（一八九八～一九七六）　中国の政治家。南開大学に在学中、五四運動（＊2）が起こり、天津《てんしん》の運動を指導。フランス、ドイツ留学中に中国共産党に入党。一九三六年、西安《せいあん》事件の際、国民党の蔣介石（＊106）を説得し、抗日民族統一戦線を組む。四九年以降、国務院総理と外交部長を兼任し、内政と外交の両

面で活躍した。

＊165 鄧穎超（一九〇四～九二） 中国の政治家。周恩来（＊164）夫人。天津《てんしん》の直隷第一女子師範学校に在学中、五四運動（＊2）が起こり、周恩来が主宰する覚悟社に入る。二五年、周恩来と結婚。中国共産党の女性リーダーとして活躍し、全国人民代表大会常務委員会副委員長、全国政治協商会議主席等の要職を務めた。

＊166 班彪（三～五四） 中国・後漢時代の歴史家。『史記』の補充として『史記後伝』六十五編を編纂《へんさん》。のちの『漢書《かんじょ》』の基礎となり、子の班固（＊168）らが引き継いで完成させた。

＊167 班超（三二～一〇二） 中国・後漢時代の軍人。歴史家・班固（＊168）の弟、班昭（＊160）の兄。明帝の勅命《ちょくめい》による匈奴《きょうど》征伐軍に従軍。西域諸国を服属させて、西域都護《とご》となり、洛陽《らくよう》に帰国するまで三十一年間、西域を後漢の勢力下においた。

＊168 班固（三二～九二） 中国・後漢時代の歴史家、文学者。歴史家であった父・班彪（＊166）の仕事を引き継ぎ、前漢の歴史を記した『漢書《かんじょ》』を編纂《へんさん》。ほぼ完成させた。他の作品では「両都賦」が名文として有名。

＊169 世阿弥（一三六三～一四四三） 室町時代の能役者、謡曲作者。一三七四年、父・観阿弥とともに室町幕府三代将軍・足利義満の前で舞い、認められる。以後、芸道と学問に精進し、名声を高めた。幽玄美《ゆうげんび》の追求と理論化を根本に据《す》えて能楽を大成。代表的著作に『花伝書』（風姿花伝）がある。

＊170 松尾芭蕉（一六四四～九四） 江戸時代の俳人。伊賀国出身。八〇年、江戸の深川に泊船堂を営み、のちに芭蕉庵と名づけ、俳諧《はいかい》の新風を提唱。『野ざらし紀行』『笈《おい》の小文《こぶみ》』『奥の細道』などを著した。

＊171 ヴォルテール（一六九四～一七七八） フランスの文学者、啓蒙思想家。本名、フランソワ＝マリー・アルエ。詩、戯曲、歴史書、小説、批評と多彩なジャンルで活躍し、フランス革命に思想的影響を与えた。著書に『哲学書簡』『哲学辞典』や、戯曲『オイディプス』、小説『カンディード』などがある。

＊172　ホワイトヘッド　アルフレッド・ノース・ホワイトヘッド（一八六一～一九四七）イギリスの哲学者、数学者。記号論理学の分野を開拓し、独創的な形而《けいじ》上《じょう》学である〝有機体の哲学〟を作り上げる。ラッセル（＊173）との共著『数学の原理』は論理主義数学基礎論の古典で、論理学や哲学にも大きな影響を与えた。ハーバード大学教授になった一九二四年以降、アメリカに在住。

＊173　ラッセル　バートランド・アーサー・ウィリアム・ラッセル（一八七二～一九七〇）イギリスの哲学者、数学者。一九五〇年、ノーベル文学賞受賞。五五年、アインシュタインとともに核兵器廃絶《はいぜつ》を求める、「ラッセル＝アインシュタイン宣言」を発表した。『懐《かい》疑《ぎ》論集』『西洋哲学史』『人間に未来はあるか』など、著書多数。

＊174　朱子（一一三〇～一二〇〇）中国・南宋の儒学者、朱熹《しゅき》。儒学における思弁《しべん》哲学と実践倫理の一大大系である朱子学（＊90）を集大成した。

＊175　ムハンマド（五七〇頃～六三二頃）アラビアの預言者。マホメットとも呼ばれる。六一〇年頃、唯一神の啓示を受け、イスラムを創始したと言われる。

＊176　ハンチントン　サミュエル・フィリップス・ハンチントン（一九二七～二〇〇八）アメリカの政治学者。コロンビア大学の戦争と平和研究所副所長、ハーバード大学教授などを歴任。一九九三年、『フォーリン・アフェアーズ』誌に掲載された論文「文明の衝突？」は世界的な論争を巻き起こした。

＊177　プラトン（前四二七～前三四七）古代ギリシャの哲学者。ソクラテスとの出会いと、その冤罪《えんざい》による死に決定的な影響を受ける。学園アカデメイアを創立し、アリストテレス（＊145）等の人材を輩出。著書に『ソクラテスの弁明』『国家』など多くの対話篇《へん》がある。

＊178　デカルト　ルネ・デカルト（一五九六～一六五〇）フランス生まれの哲学者、自然科学者、数学者。『方法序説』を著して、理性に基づく真理探究の道を確立し、近代哲学の父と呼ばれる。形而《けいじ》上《じょう》学、自然哲

学、数学等の研究に取り組み、平面座標や数式の表記法も考案した。ドイツ、オランダ等で活躍後、スウェーデン王室に招かれ、同地で病没。

＊179　ベーコン　フランシス・ベーコン（一五六一～一六二六）イギリスの哲学者、政治家。法律を学び、国会議員、大法官等を歴任したが、失脚後、著述に専念。帰納法による科学的方法論を説く『ノヴム・オルガヌム（新機関）』を著し、デカルト（＊178）と並んで近代合理主義哲学の祖とされる。他の著書に『学問の進歩』『随想集』などがある。

＊180　子路（前五四三～前四八〇頃）孔子（＊91）の弟子の一人。子路は字《あざな》（別名）で季路ともいい、本名は仲由。魯国（山東省）出身。『論語』（＊25）からは、やや粗暴ながら正直で勇気があり、師によく仕えて愛された姿がうかがわれる。衛（河南省）の出公のもとで高官となったが、内乱に巻き込まれ、死去。

墨子………*177*
法華経………*41, 95, 96, 110, 111*
ホフライトネル………*145*
ボローニャ大学………*214, 215, 218*
ホワイトヘッド………*254*
本省人………*94, 98, 99*
『本草綱目』………*93*

ま

マータイ………*153, 177*
牧口(常三郎，会長，先生)………*14, 15, 16, 20, 22, 44, 45, 50, 84, 85, 102, 104, 112, 113, 128, 136, 172, 173, 191, 204, 235, 236*
媽祖………*96, 97*
松尾芭蕉………*247*
マンデラ………*81, 82, 168*

み

宮崎滔天………*129*
ミューア………*56*

む

霧社事件………*84*
ムハンマド………*259*
ムベキ………*81, 167, 168*

め

メドウズ………*180*

も

孟子………*32, 33, 256*
孟詵………*93*
モスクワ大学………*141, 142, 202, 241, 265*
モンテーニュ………*38*

や

ヤスパース………*104*

よ

陽明学………*42, 106, 108, 112, 115, 116*
陽明山………*65, 66, 102, 196, 206*
吉田松陰………*104*

ら

ラッセル………*255*
羅福星………*83*

り

李自成………*76*
李時珍………*93, 94*
李白………*40, 47*
リヒトホーフェン………*42*
龍場………*108*
隆武帝………*76, 78*
林園郷鳳鼻頭文化………*68*
リンカーン………*126, 133*
林海音………*231*

れ

レメンゲサウ………*159*
連横………*49, 87*

ろ

ローマクラブ………*145, 180*
ロック（ジョン）………*133, 217, 243, 265*
ロックフェラー（スティーブン）………*170*
呂明賜………*91*
『論語』………*40, 253*

杜聡明………131
戸田(城聖，会長，先生）………9, 16, 18, 20, 35, 38, 53, 85, 108, 129, 136, 191, 249, 250

な

ナイ………137, 138
中江藤樹………115
ナポレオン………28
南京………30, 40, 75, 79
南島語族………69, 70

に

日蓮仏法………29, 35, 92, 268
『日本書紀』………54
ニュートン………213
人間革命………27, 35, 146, 181, 182
寧波………16, 39, 40, 41, 42, 43, 44, 45, 46, 102

の

ノブレス・オブリージュ………193

は

ハード・パワー………22, 136, 137, 138
ハーバード大学………22, 31, 32, 137, 138, 202, 210, 260
八互の原則………237, 240
客家語………87
客家人………72, 83, 86, 87, 99
覇道………22, 135, 136, 137
ハバート………164
班固………245
班昭………232, 245
班超………245
ハンチントン………260
班彪………245

ひ

ヒノキ………53, 54
非暴力………25, 26, 223, 224
ヒューマニズム………125, 206, 213, 259, 260
美麗島→麗しの島
閩南語………85, 86
閩南人………72, 86, 87, 99

ふ

ファルギエール………188
プーシキン………28
溥儒………220
伏羲………198
仏教………35, 41, 107, 110, 111, 120, 178, 209, 260
仏法………35, 56, 110, 173, 174, 175, 176, 180
仏法者………62, 157
プラトン………265
プレート………62
フレーベル………28
文王………198

へ

ベーコン………265
北京………40, 68, 76, 82, 105, 108, 220, 252
北京大学………140, 141, 142, 207, 209
ペスタロッチ………236
ペッチェイ………145, 146
ヘンダーソン………228

ほ

ホイットマン………176
蓬莱造山運動………58

133, 134, 135, 136, 137, 186, 187, 234, 252, 263

た

ダーウィン………93
大我………179, 180
大学の自治………212, 214, 216, 217
大屯火山群………58
台風………60, 61
台北………9, 130, 196, 206
台北帝国大学………83
タイヤル族………71, 84
台湾創価学会………62, 63, 64, 170, 223, 224
台湾総督府………82, 83, 131
高杉晋作………104
タゴール………25

ち

近松門左衛門………76
地球環境………144, 147, 152, 164, 165, 169, 173, 174
地球憲章………170, 171, 172, 174, 175
知行合一………102, 108, 112, 115
中国同盟会………83, 130, 131, 134
中国文化大学………8, 9, 10, 11, 21, 26, 27, 47, 48, 52, 62, 65, 91, 92, 102, 118, 119, 120, 122, 132, 139, 141, 147, 165, 170, 171, 184, 185, 186, 192, 193, 194, 195, 196, 197, 201, 207, 209, 218, 219, 220, 248, 251, 264, 269
張横渠（張載）………52, 187
張其昀（父, 父上）………9, 10, 11, 12, 13, 14, 16, 17, 18, 22, 23, 24, 25, 26, 27, 29, 30, 31, 42, 88, 102, 118, 120, 123, 124, 126, 127, 135, 140, 162, 163, 172, 173, 181, 182, 184, 185, 186, 187, 188, 190, 192, 193, 194, 197, 198, 199, 200, 204, 206, 207, 209, 216, 218, 220, 237, 238, 248, 249, 256, 259, 263, 264, 267
張載→張横渠
張爾岐………192
長濱文化………67, 68
趙永植（学園長）………117, 118, 119, 120
致良知………111, 112
陳虚谷………50
陳進………231

て

鄭芝龍………75, 76, 78
ディズレーリ………127
鄭成功………74, 75, 76, 77, 78, 79, 80, 81
デカルト………265
デューイ………210
纏足………29, 233, 234
天台（大師）………41, 128, 184
天台山………41

と

トインビー………120, 179, 180, 181, 182, 193, 208
ドゥ・ウェイミン………32, 257, 260, 261
鄧穎超………238, 240
道教………107, 209
東郷平八郎………115
徳川光圀………42, 80

師弟………20, 250
紫斑蝶（ルリマダラ）………67
釈迦………110
釈尊………35, 259
上海………16, 29, 40, 44, 82
周恩来………237, 238
宗教………34, 127, 128, 208, 209, 250, 251, 252, 260, 261, 262
宗教者………250
秀姑巒渓………58
周桜………238, 239
シューマッハー………161
儒家………32, 34, 187, 192, 205, 214
儒学者………80, 102, 110, 115, 187
儒教………24, 32, 87, 98, 107, 232, 253, 254, 259, 260
朱子………256
朱子学………108, 115
朱舜水………42, 80
遵義………30, 31
『荀子』………230
蔣渭水………83, 131
小我………179, 180
蔣経国………98
蔣中正（蔣介石）………134
植民地………20, 74, 82, 83, 123, 135, 234, 235
女性教育………230, 235, 236
子路………266, 267
仁………126, 255, 256, 257, 258, 259, 260, 263
仁愛………210, 250, 253
仁義………125, 136, 137
仁者………40, 135, 256, 257
人生地理学………11, 14, 15, 44, 50, 172
新石器(時代）………40, 68, 220
心即理………108

す

スズキ（デーヴィッド）………175
崇禎帝………76

せ

世阿弥………245
青斑蝶（アサギマダラ）………65, 66
棲蘭………54, 56
世界児童平和文化展………223, 224, 225
先住民………56, 70, 71, 72, 83, 84, 86, 89, 99
銭穆………12, 214, 216

そ

創価学会………9, 20, 52, 61, 84, 110, 128, 136, 139, 155, 191
創価教育………14, 102
創価教育学体系………22, 113, 128
創価大学………10, 22, 47, 48, 75, 114, 120, 144, 146, 147, 150, 177, 184, 185, 188, 189, 191, 197, 201, 203, 209, 213, 217, 218, 219, 220, 238, 239, 247, 249, 250
曾子………162
荘子………175
則天武后………233
ソフト・パワー………22, 136, 137, 138, 139
孫思邈………93
孫文………43, 52, 83, 122, 123, 124, 125, 126, 128, 129, 130, 131, 132,

花東縦谷………58
家庭環境………241
河姆渡(遺跡)………40, 68, 69
ガリレイ………213
環境………14, 15, 24, 56, 144, 150, 153, 156, 166, 167, 168, 169, 172, 173, 174, 176
環境(の)汚染………143, 154
環境教育………163, 164, 166, 169
環境(を)破壊………54, 159, 175
環境保護………56, 150, 165, 166, 175
環境問題………8, 9, 56, 143, 144, 145, 153, 154, 164, 165
管子………206
ガンジー………24, 25, 26, 27
顔之推………35
観世音(菩薩)………94, 95, 96
カント………210, 265

き

気候変動に関する政府間パネル(IPCC)………156, 161
旧石器時代………67, 68
丘逢甲………84
教育環境………33
教師節………205
共生のエートス………22, 23, 126
京都議定書………160, 162
玉山………49, 50, 51, 53
慶熙大学………117, 119, 120
キリスト(教)………254, 259
基隆………84, 131
基隆火山群………58
キング………26, 27

く

クーデンホーフ=カレルギー………227, 254

け

ゲーテ………209, 255
ケルゼン………23
遣隋使………39, 46
遣唐使………39, 42, 46

こ

孔子………110, 114, 198, 205, 253, 255, 256, 257, 258, 262, 266, 267, 269
孔子廟………78, 205
皇民化(教育)………82, 98
ゴカーレ………25
国姓爺(合戦)………74, 76
国連………21, 138, 146, 156, 223
国連開発計画………168
国連環境計画………143, 148, 160
五四運動………16, 238, 240
ゴルバチョフ………23, 138, 170, 264, 265, 266, 267

さ

蔡阿信………231
蔡元培………207, 209
サッチャー………229, 230, 244
佐藤一斎………115
三民主義………124, 131, 132, 133

し

『資治通鑑』………211
地震………60, 61, 62, 63, 64
自然環境………50, 57, 159, 166
士大夫………78, 245
質朴堅毅………123, 186, 187

索引

あ

IT………89

アサギマダラ→青斑蝶

アショカ大王………152

阿倍仲麻呂………46, 47

アヘン戦争………43

アマゾン自然環境保護センター………150, 151

アミ族………71

厦門………79, 80, 82

アラン………24

阿里山………53, 55

アリストテレス………212

い

池田大作研究センター………122, 196, 200, 201, 202

医食同源………92, 93

イスラム………23, 209, 228

伊藤博文………115

う

ウィルソン（E・O）………178

ヴォルテール………253

于右任………52, 53

麗しの島（美麗島）………49, 50, 60, 72, 74

え

『易経』（『周易』）………198, 200, 232, 255

依正不二………56, 176

SGI………139, 149, 150, 151, 152, 153, 156, 157, 163, 223

SGI提言………117, 156, 216

エマソン………226, 253

円山貝塚………68

袁世凱………131

お

王羲之………105

王建民………91

王貞治（監督）………91, 92

翁俊明………131

王道………22, 122, 123, 124, 125, 126, 135, 136, 137, 142, 252, 268, 269

欧陽脩………33, 34

王陽明………42, 102, 103, 104, 105, 106, 107, 108, 109, 110, 111, 113, 114, 115, 220

大塩平八郎………104

オーストロネシア語族………70

小野蘭山………94

温室効果ガス………154, 157, 159, 160, 161, 168, 169

温暖化………61, 143, 144, 148, 156, 157, 158, 159, 161, 162, 165, 168, 247

温暖化防止会議………149

か

外省人………86, 87, 94, 98, 99

科挙………34, 46, 105, 106, 107

学問の自由………212, 213, 214, 216

華岡………11, 187, 192, 194, 200, 206, 218

カストロ………81

本書は月刊誌『灯台』に連載された対談「教育と文化の王道」（二〇〇七年五月号〜二〇〇八年四月号）を基に、一部加筆・再編集したものです。

教育《きょういく》と文化《ぶんか》の王道《おうどう》

2010年3月1日　初版第1刷発行

著者　池田大作《いけだだいさく》
　　　張鏡湖《ちょうきょうこ》

発行者　大島光明

発行所　株式会社　第三文明社
東京都新宿区新宿1－23－5
郵便番号　160-0022
電話番号　03-5269-7145（営業代表）
　　　　　03-5269-7154（編集代表）
振替口座　00150-3-117823
URL http://www.daisanbunmei.co.jp

印刷所　凸版印刷株式会社
製本所　牧製本印刷株式会社

ISBN 978-4-476-05046-2